Vena Eastwood
Benedikt für Schüler

Vena Eastwood

Benedikt für Schüler

Vier-Türme-Verlag

Bibliografische Information der Deutschen Bibliothek

Die Deutsche Bibliothek verzeichnet diese Publikation in der Deutschen Nationalbibliografie. Detaillierte bibliografische Daten sind im Internet über http://dnb.ddb.de abrufbar.

Das englische Original *Benedict Rules: Reading from the Rule for Young People* (ISBN 0-904147-53-X) wurde von Schülern des Egbert-Gymnasiums der Benediktinerabtei Münsterschwarzach ins Deutsche übertragen.

1. Auflage 2006
© Vier-Türme GmbH – Verlag, Münsterschwarzach 2006
Alle Rechte vorbehalten
Lektorat: Andreas Rode
Umschlaggestaltung: Elisabeth Petersen (München) unter einer Verwendung eines Motivs von Valerie Simmons, Masterfile
Satz: Vier-Türme GmbH – Benedict Press, Münsterschwarzach
Gesamtherstellung: Friedrich Pustet KG, Regensburg
ISBN-10: 3-87868-095-3 / ISBN-13: 978-3-87868-095-6
www.vier-tuerme-verlag.de / www.mehr-als-unterricht.de

Inhalt

Vorwort	9
Einführung	**11**
Die Benediktsregel in einer Schulgemeinschaft	13
Hinweise für die Arbeit mit diesem Buch	14
Die Benediktsregel	**17**
Prolog	18
Kapitel 1: Die Arten der Mönche	25
Kapitel 2: Der Abt	27
Kapitel 3: Die Einberufung der Brüder zum Rat	32
Kapitel 4: Die Werkzeuge der geistlichen Kunst	36
Kapitel 5: Gehorsam	45
Kapitel 6: Die Schweigsamkeit	50
Kapitel 7: Die Demut	54
Das Bild von der Leiter	67
Kapitel 8–18: Details zu den Gottesdiensten und deren Inhalte	77
Kapitel 19: Die Haltung beim Gottesdienst	80
Kapitel 20: Die Ehrfurcht beim Gebet	85
Kapitel 21: Die Dekane des Klosters	87
Kapitel 23: Das Vorgehen bei Verfehlungen	89
Kapitel 25–27: Schwere Verfehlungen	94
Kapitel 28–30: Mehr über Besserung	98
Kapitel 31: Der Cellerar des Klosters	103
Kapitel 32: Werkzeuge und Güter	109

Kapitel 33: Privater Besitz ... 114
Kapitel 34: Die Zuteilung des Notwendigen ... 117
Kapitel 35: Der wöchentliche Dienst in der Küche ... 120
Kapitel 36: Die kranken Brüder ... 126
Kapitel 37: Alte und Kinder ... 129
Kapitel 38: Der wöchentliche Dienst des Tischlesers ... 131
Kapitel 39: Das Maß der Speise ... 136
Kapitel 40: Die richtige Menge an Trinken ... 141
Kapitel 41: Die Mahlzeiten ... 147
Kapitel 42: Das Schweigen nach der Komplet ... 151
Kapitel 43: Die Bußen für Unpünktlichkeit ... 153
Kapitel 44: Die Bußen der Ausgeschlossenen ... 156
Kapitel 45: Die Bußen für Fehler im Oratorium ... 159
Kapitel 46: Die Bußen für andere Verfehlungen ... 161
Kapitel 47: Das Zeichen zum Gottesdienst ... 166
Kapitel 48: Die Ordnung für Handarbeit und Lesung ... 168
Kapitel 49: Die Fastenzeit ... 174
Kapitel 50: Gebetszeiten außerhalb des Klosters ... 179
Kapitel 51: Mahlzeiten außerhalb des Klosters ... 181
Kapitel 52: Das Oratorium des Klosters ... 183
Kapitel 53: Die Aufnahme von Gästen ... 186
Kapitel 54: Briefe und Geschenke ... 192
Kapitel 55: Kleidung und Schuhwerk ... 195
Kapitel 56: Der Tisch des Abtes ... 199
Kapitel 57: Mönche als Handwerker ... 201
Kapitel 58: Die Ordnung bei der Aufnahme von Brüdern ... 204
Kapitel 59: Die Aufnahme von Kindern ... 208
Kapitel 60: Die Aufnahme von Priestern ... 212
Kapitel 61: Die Aufnahme fremder Mönche ... 215

Kapitel 62: Die Priester des Klosters ... 218
Kapitel 63: Die Rangordnung in der Gemeinschaft ... 220
Kapitel 64: Die Ernennung eines Abtes ... 223
Kapitel 65: Der Prior des Klosters ... 229
Kapitel 66: Der Pförtner des Klosters ... 231
Kapitel 67: Brüder auf Reisen ... 234
Kapitel 68: Überforderung durch einen Auftrag ... 236
Kapitel 69: Eigenmächtige Verteidigung eines Bruders ... 238
Kapitel 70: Eigenmächtige Bestrafung eines Bruders ... 240
Kapitel 71: Der gegenseitige Gehorsam ... 242
Kapitel 72: Der gute Eifer der Mönche ... 246
Kapitel 73: Die Regel als Anfang unseres Weges
zur vollen Gerechtigkeit ... 248

Geistliche Lesung (Lectio Divina) in einer Schulgemeinschaft 251

Vorschlag für eine Geistliche Lesung – A ... 255
Vorschlag für eine Geistliche Lesung – B ... 256

Vorwort

Seit nun fast 1 500 Jahren unterhalten Benediktiner und Benediktinerinnen in allen Teilen der Erde Schulen – oder Schulen stehen zumindest »im Schatten« von Benediktinerklöstern. Den Anforderungen der örtlichen und zeitlichen Gegebenheiten entsprechend müssen unsere benediktinischen Schulen dabei immer wieder neu um das je eigene Profil ringen und die Weisungen Benedikts in die jeweilige Zeit und Gesellschaft umsetzen.

Die Mönchsregel des Abtes von Montecassino ist dabei immer gültige Richtschnur. Durch alle Generationen bleibt es Aufgabe der Lehrerinnen und Lehrer an unseren Schulen, die Weisungen Benedikts ihren Schülerinnen und Schülern verständlich zu machen. Diese Aufgabe ist nicht leicht. Selbst bei überdurchschnittlichem Engagement können wir nicht erwarten, dass Lehrer und Lehrerinnen die Benediktsregel so studiert haben, wie das von den Mönchen verlangt wird.

Die vorliegende Sammlung »Benedikt für Schüler« ist deshalb eine große Hilfe für alle Schulen, die dem Geist des heiligen Benedikt verpflichtet sind. Sie kann aber auch allen anderen Schulen nützlich sein, denen eine Wertorientierung aus christlichem Geist wichtig und wesentlich ist.

Der Aufbau des Buches steht ganz in der benediktinischen Tradition: Auf einen kurzen Abschnitt aus der Regel folgt eine Aktualisierung, eine Hilfe zum Weiterdenken und zur Diskussion. Daran schließt sich ein Gebet an. Diese Abfolge ist seit fast 1 500 Jahren für uns Benediktiner die Form, wie wir mit der Regel umgehen und wie wir uns aus ihr immer wieder neu die Weisung für ein Leben holen, das gelingen soll. Der heilige Benedikt wendet sich ja an den Menschen, der das Leben liebt und gute Tage sehen möchte. (vgl. Benediktsregel, Prolog 15)

Das Leben der uns anvertrauten Schülerinnen und Schüler wie auch das von uns Lehrerinnen und Lehrer soll gelingen. Dieses gemeinsame

Lernziel gilt wohl nicht nur an den benediktinischen, sondern auch an allen anderen Schulen. Die Regel des heiligen Benedikt ist eine vielfach bewährte Hilfe auf diesem Weg. Sie möchte uns alle zu Christus hinführen. Denn ohne Christus oder an Christus vorbei ist für den heiligen Benedikt ein glückliches und glückendes Leben nicht denkbar.

Das Buch, das Sie, liebe Leserin, lieber Leser, in Händen halten, möchte uns alle – ob wir zur Gruppe der Lehrenden gehören oder zu denen, die lernen – beim Vergegenwärtigen der Benediktsregel unterstützen. Die Texte der Regel sind eine sinnvolle Hilfe für die Gestaltung des Gebetes, das in unseren Schulen nicht fehlen darf. Zugleich enthält das Buch Anregungen zum fruchtbaren Gespräch in der Klassengemeinschaft oder in anderen Gruppen an unseren Schulen, das gerade auch in schwierigen Situationen nötig ist.

Vor Christus sind wir alle Schüler. Er ist unser Lehrer und Meister. Nach einem Wort Benedikts sollen wir nichts auf der Welt höher einstufen als Christus, der uns alle zu einem erfüllten, zum ewigen Leben führen möchte. (vgl. Benediktsregel 72,11)

+ Barnabas Bögle OSB
Abt von Ettal

Einführung

Die Zahl der Übersetzungen und Bearbeitungen der Benediktsregel ist überwältigend groß. In den eintausendfünfhundert Jahren bis heute wurde viel Zeit und Geist darauf verwandt, die Benediktsregel so zu präsentieren, wie es jeder Zeit und ihren Bedürfnissen entspricht. Allerdings ist die Begeisterung und Hingabe, mit der auch Laien sich der Benediktsregel widmen, erst neueren Datums.

Nach und nach hat die Benediktsregel in meinem Leben eine immer bedeutendere Rolle gespielt und mein Leben immer stärker geprägt. Als Lehrerin gelangte ich immer mehr zu der Überzeugung, dass sie auch für junge Menschen, insbesondere für junge Menschen in einer Schulgemeinschaft, fruchtbar gemacht werden kann.

Das erste Mal, dass mir die Benediktsregel begegnete, ist fünfundzwanzig Jahre her. Damals war ich zu Gast in einer Benediktinerabtei, wo ich mich von den Anstrengungen meiner täglichen Arbeit als Sportlehrerin erholte. Später nahm ich mir eine Auszeit und zog mich für längere Zeit in eine andere Abtei zurück. Stets hatte ich jedoch das Gefühl, dass die Benediktsregel sich zwar für Nonnen und Mönche eignen mochte, dass sie aber nicht Bestandteil meines eigenen Denkens oder meiner spirituellen Entwicklung sein konnte.

Inzwischen war ich Konrektorin und Religionslehrerin an einer anderen Schule geworden. Doch Verwaltungsarbeit und Diskussionen um finanzielle Fragen interessierten mich bei weitem nicht so wie die spirituelle Entwicklung der mir anvertrauten jungen Menschen. Eines Freitagnachmittags, als ich versuchte, die Jugendlichen für Gott zu interessieren, erwachte in mir das Verständnis für die ihnen innewohnende »Göttlichkeit«. Und als sich bald darauf die Gelegenheit bot, bewarb ich mich für eine Vollzeitstelle als Schulseelsorgerin an der Saint Benedict School im englischen Derby.

Während dieser Zeit erwies sich die Benediktsregel für mich erstmals als hilfreich: Die Vorstellungsgespräche waren mörderisch. Die Anforderungen, die an die Bewerber gestellt wurden, waren so hoch, dass höchstens der Erzengel Gabriel in der Lage gewesen wäre, sie zu erfüllen. Zumindest empfand ich es so.

Unter anderem sollte ich über den Begriff »Gemeinschaft« referieren. Nun wohnte ich damals in der Kommunität, in der ich einst als Novizin gewesen war. Ich brütete über dem Referat, das ich am nächsten Tag halten sollte, und empfand meine Arbeit als höchst unzureichend. In der Bibliothek fand ich eine ziemlich alte, modrig riechende englisch-lateinische Ausgabe der Benediktsregel. Ich überflog das Inhaltsverzeichnis in der Hoffnung, hier etwas zu finden, was mich inspirieren könnte. Und tatsächlich, da war es, im Kapitel 68 der Regel: »Überforderung durch einen Auftrag«. Danke, Benedikt!

Ich bekam die Stelle. Doch obwohl ich jetzt an einer Benediktinerschule unterrichtete und die Regel mir zu meinem Job verholfen hatte, kam ich nie auf den Gedanken, in der Benediktsregel zu lesen. Erst als wir zwei Jahre später bei einem landesweiten Treffen von Schulseelsorgern darüber diskutierten, ob uns die Heiligen, nach denen viele katholische Schulen benannt sind, auch heute noch Quellen der Inspiration sein könnten, begann ich, mich ernsthaft mit der Benediktsregel auseinander zu setzen. Ich fand zwei Übersetzungen der Regel: Esther de Waals »A Life Giving Way« und Joan Chittisters »The Rule of Benedict. Insights for Ages«. Beide Bücher waren für mich von unschätzbarem Wert – sowohl bei der Arbeit für dieses Buch als auch auf meinem persönlichen spirituellen Weg. Das Vorbild dieser beiden bekannten Autoren hat mich ermutigt und angespornt, die vorliegenden einfachen Betrachtungen über die Benediktsregel zu schreiben.

Mögen diese Betrachtungen auch bewusst einfach gehalten sein, so ist die Regel selbst für Unerfahrene dennoch gefährlich. Es wurde sogar schon vorgeschlagen, die Benediktsregel mit einer Art Beipackzettel, der vor möglichen Nebenwirkungen warnt, zu versehen. Begründet wurden solche Vorschläge damit, dass der heilige Benedikt und seine Regel auch heute noch in der Lage seien, das Leben der Menschen zu verändern, so wie sie im sechsten Jahrhundert das Leben im Kloster Monte Cassino verändert haben.

Ich ließ mich und meine Schulgemeinschaft durch die Regel herausfordern. Als Mitglied dieser Gemeinschaft, nicht als ihr Anführer, begab ich mich dann selbst immer wieder auf Reisen, um zu sehen, wie die Regel anderswo gelebt wurde: Ich besuchte Monte Cassino, fuhr fünfmal nach Erie in Pennsylvania, um dort Schwester Joan Chittister zu treffen und mit ihr und den anderen Schwestern zu leben und zu arbeiten. Außerdem reiste ich nach Chile, um die benediktinische Laienbewegung Monquehue zu besuchen. Dort lernte ich Schulen kennen, in denen das Personal und die Schüler sich täglich der Regel sowie der geistlichen Schriftlesung, der Lectio Divina, widmen. Diese reiche benediktinische Spiritualität erweist sich dort als überaus fruchtbar.

Die Lectio Divina ist eine Art der Schriftlesung, wie sie von Benedikt und seinen Mönchen praktiziert wurde und auch heute noch in benediktinisch geprägten Orden und Laiengemeinschaften üblich ist. Wer diese Lesung als wichtigen Bestandteil des Lebens nach der Regel des heiligen Benedikt in der eigenen Gemeinschaft einüben will, findet am Ende dieses Buches Hinweise und zwei Beispiele, wie Lectio Divina konkret gestaltet werden kann.

Die Benediktsregel in einer Schulgemeinschaft

Ich bin davon überzeugt, dass der heilige Benedikt Ihr Leben und den Alltag an Ihrer Schule verändern kann. Seine Regel stellt die Werte des Evangeliums in den Vordergrund und hilft so der Gemeinschaft und jedem Einzelnen, ein Leben gemäß unserer Berufung zu führen. Als Lehrer müssen wir uns fragen: Sind wir nur Teil einer von Gott geführten Schulgemeinschaft oder ist Gott lediglich ein Teilaspekt einer von Menschen geführten Schule? Wenn Letzteres der Fall ist, wird sich etwas in unserem Leben verändern, sobald die Regel des heiligen Benedikt im Alltag gelebt wird.

Welchen Nutzen kann die Benediktsregel für eine Schule des 21. Jahrhunderts haben? Die Antwort auf diese Frage lautet: Die Regel bietet eine Weisheit, die zu Gott führt. Sie kann in jeder Situation, die in einer Schulgemeinschaft auftreten kann, Richtschnur sein und zeigt Lösungswege auf für alle erdenklichen Probleme – und seien sie auch noch so banal. Die Regel wurde von einem Mann geschrieben, der in seiner Jugend durch den Sittenverfall der ihn umgebenden Welt jegliche Illusion verlor. Deshalb spricht sie voll Verständnis und Mitgefühl gerade die jungen Menschen an, die Orientierung in ihrer Orientierungslosigkeit suchen und nach Antworten verlangen.

In den meisten Ausgaben der Benediktsregel stehen zu Beginn eines jeden Kapitels drei Daten. Diese strukturieren die tägliche Lesung des Textes so, dass er im Jahr dreimal vollständig gelesen wird. Auf diese Weise wird jeder Mönch und jede Nonne nach fünfzig Jahren des Klosterlebens die Regel einhundertfünfzigmal gelesen haben. Eine ältere Nonne schrieb mir einmal: »Nachdem ich mehr als die Hälfte meines Lebens nach der Regel gelebt habe, kann ich sagen, dass sie mir zu einer nie versiegenden Quelle der Weisheit geworden ist.«

Obwohl die Schule nicht wie ein Tag im Kloster strukturiert ist, gibt es in jedem Tagesablauf eine Zeit für das Gebet, für die Unterweisung im Gebet oder den gegenseitigen Austausch. Die vorliegenden Betrachtungen zur Benediktsregel sind so einfach gehalten, dass sie problemlos auf unterschiedliche Art und Weise eingesetzt werden können: als Gesamtprojekt einer ganzen Schule, als Meditation in den Klassen, etwa in Form des Morgengebetes, oder als Material für die Morgenversammlung. Das Buch kann auch im Rahmen des Religionsunterrichts, am Stundenanfang oder als Diskussionsgrundlage in kleineren Gruppen verwendet werden.

Hinweise für die Arbeit mit diesem Buch

In »Benedikt für Schüler« ist die Benediktsregel nur in Auszügen abgedruckt. Diejenigen, die sich intensiver mit dem Text befassen wollen, haben eine Vielzahl anderer Ausgaben und Kommentare zur Auswahl. Ich habe versucht, in diesem Buch so viele Passagen zu präsentieren, dass der Leser eine gute Vorstellung von dem Reichtum der vollständigen Regel bekommen kann. In drei Fällen habe ich mehrere Kapitel zusammengefasst, weil sie sich derart detailliert mit ein und demselben Thema auseinander setzen, dass es im schulischen Zusammenhang allzu redundant wäre, jedes dieser Kapitel einzeln zu betrachten. Die Kapitel 22 und 24 habe ich überhaupt nicht berücksichtigt. Sie befassen sich mit der Nachtruhe der Mönche und dem Ausschluss bei leichten Verfehlungen. Beides ist für den schulischen Alltag irrelevant.

Die hier genutzte Übersetzung ist jüngeren Datums.[1] Dennoch mag das eine oder andere Wort ein wenig antiquiert erscheinen. Auch wurde kein besonderer Wert auf eine geschlechtsneutrale Wortwahl gelegt. Sollten diesbezüglich Bedenken auftauchen, kann darauf hingewiesen werden, dass es sich bei der Benediktsregel eben um einen alten Text handelt, um ein Dokument, das gegen Ende des weströmischen Reiches entstanden ist und ursprünglich ausschließlich für Männergemeinschaften gedacht war.

Jeder Abschnitt dieses Buches bietet genug Material für eine komplette Unterrichtsstunde. Falls nicht genügend Zeit ist, kann aber, wenn die Diskussionsphase kurz gehalten wird, jeder Abschnitt in ungefähr einer Viertelstunde behandelt werden. Auch in der Kürze kann die Beschäftigung mit dem jeweiligen Aspekt der Benediktsregel fruchtbringend sein.

Obwohl die einzelnen Kapitel der Benediktsregel logisch aufeinander aufbauen, ist es nicht unbedingt erforderlich, die vorgegebene Reihenfolge immer einzuhalten. Zum Beispiel bietet es sich an, sich zum Schuljahresbeginn zunächst mit Kapitel 58 der Regel, der »Ordnung bei der Aufnahme der Brüder« zu beschäftigen.

Jeder Abschnitt dieses Buches beginnt mit einem Zitat aus der Regel. Dann folgen unter der Überschrift »Betrachtung« einige Gedanken, die je nach Belieben entweder als Textmeditation vorgelesen oder als Grundlage für eine ausführlichere Diskussion im Klassenverband genutzt werden können. Abgeschlossen wird jeder Abschnitt mit einem Gebet.

Wo es mir notwendig erschien, habe ich einige einleitende Bemerkungen über das jeweilige Kapitel der Benediktsregel vorangestellt.

---

[1] Für die deutsche Ausgabe wurde auf die Übersetzung der Salzburger Äbtekonferenz zurückgegriffen.

Ab und zu folgt nach dem Abschlussgebet noch ein Absatz, der mit »Anregung« oder »Zum Nachdenken« überschrieben ist. Diese Rubriken sind mir besonders wichtig. Sie sollen betonen, dass die Schüler aus der Beschäftigung mit der Benediktsregel etwas für die Entwicklung ihrer eigenen Spiritualität und die der Gemeinschaft mitnehmen sollen. Sie sollen die Regel leben, nicht nur lesen. Diese Anregungen und Denkanstöße können durch den Lehrer an die Schüler herangetragen werden. Oft ergeben sich aber auch aus den Diskussionsbeiträgen der Schüler konkrete Hinweise für eine sinnvolle, auf den Grundlagen der Regel beruhende Handlungsweise.

Ebenso wie das Evangelium kann auch die darauf fußende Benediktsregel gefährlich sein, wenn die Menschen sich darauf einlassen und ihr Leben danach ausrichten. Seien Sie also nicht überrascht, wenn durch den heiligen Benedikt Unruhe in Ihre Gemeinschaft getragen wird. Lassen Sie sich nicht entmutigen, wenn die Spiritualität Ihrer Gemeinschaft in Unordnung gerät. All das ist schon früher vorgekommen. Der Weg, den Sie gewählt haben und der in Subiaco vor etwa tausendfünfhundert Jahren begann, ist gut ausgetreten und führt zu Gott.

Höre, mein Sohn, auf die Weisung des Meisters, neige das Ohr deines Herzens, nimm den Zuspruch des gütigen Vaters willig an und erfülle ihn durch die Tat ...

(Prolog, Vers 1)

Die Benediktsregel

Prolog

Der Prolog ist eine Zusammenfassung der gesamten Benediktsregel und gibt einen Vorgeschmack auf das, was sie behandelt. Gleichzeitig warnt er denjenigen davor, weiterzulesen, dem dieser Vorgeschmack nicht behagt. Die lebensbejahende, lebensverändernde Regel beginnt mit einem Wort, das Lehrer nicht selten verwenden ...

Aus der Benediktsregel

Höre, mein Sohn, auf die Weisung des Meisters, neige das Ohr deines Herzens, nimm den Zuspruch des gütigen Vaters willig an und erfülle ihn durch die Tat!

(Prolog, Vers 1)

Betrachtung

Vernünftige Ratschläge zu Beginn eines neuen Schuljahres!
Jeder muss einmal einem anderen zuhören: Die Lehrer dem Direktor, die Schüler ihren Lehrern, der Hausmeister dem Hausverwalter, die Köche ihren Küchenchefs, die Sekretärinnen ihren Abteilungsleitern und so weiter. Es ist notwendig, dass wir zuhören, lernen und verstehen. Wir müssen denjenigen zuhören, die über das jeweilige Thema Bescheid wissen.
Benedikt sagt nicht einfach: »Schau, wie du damit fertig wirst.« Nein, er fordert uns dazu auf, unsere Aufgaben mit Begeisterung zu erfüllen.

Gebet

Himmlischer Vater,
hilf uns, denjenigen zuzuhören, die uns helfen können,
auch denjenigen, denen wir vielleicht nicht so gern zuhören wollen,
denen wir aber zuhören sollten.
Hilf uns vor allem, deine leise, feine Stimme zu hören,
die zu allen Zeiten und an allen Orten zu uns spricht,
wenn wir nur auf sie hören.
Amen.

Aus der Benediktsregel

An dich also richte ich jetzt mein Wort, wer immer du bist, wenn du nur dem Eigenwillen widersagst, für Christus, den Herrn und wahren König, kämpfen willst und den starken und glänzenden Schild des Gehorsams ergreifst.

(Prolog, Vers 3)

Betrachtung

Oh je! Wer immer wir sind, wir müssen Gott zuhören und gehorsam sein. Gehorsam heißt, das zu tun, was uns gesagt wird. Das ist schwer. Solcher Gehorsam kann nur gelingen, wenn wir denen vertrauen, die uns Befehle geben, und uns ihnen gegenüber verantwortlich fühlen. Gehorsam wird beschrieben als eine starke und strahlende Waffe, als etwas, was gut ist und uns Schutz bietet. Lass uns diese Waffe nutzen.

Gebet

Jesus,
du bist Gottes Sohn.
Dennoch warst du stets gehorsam.
Du hast getan, was von dir verlangt wurde,
bis hin zum Erleiden eines qualvollen Todes.
Hilf uns, gehorsam zu sein, zu tun, was von uns verlangt wird.
Und wenn wir von jemandem etwas verlangen,
so lass es uns mit Respekt und Höflichkeit
und im Geiste deiner Liebe und Stärke tun.
Amen.

Aus der Benediktsregel

Vor allem: wenn du etwas Gutes beginnst, bestürme ihn beharrlich im Gebet, er möge es vollenden.

(Prolog, Vers 4)

Betrachtung

Dieser Abschnitt ist Teil eines Gebetes des heiligen Benedikt. Du wirst eine lange Zeit suchen müssen, bis du etwas findest, das besser geeignet ist, um zu Beginn irgendeiner Aufgabe gesprochen zu werden – vor jeder Hausaufgabe und vor jeder Klassenarbeit. Die Worte des Prologs sind einfach, kurz und kraftvoll. Schreibe sie auf, lerne sie und wende sie an. Sie werden überhaupt keinen Schaden anrichten und sie könnten viel Gutes bewirken! Einen Versuch ist es wert.

Gebet

Ein Gebet des heiligen Benedikt:
Wir beten Herr, dass alles, was wir tun, von deinem Geist beseelt wird, sodass all unsere Gebete und all unsere Werke von dir ausgehen und von dir zur Vollendung gebracht werden.
Amen.

Eine kürzere Version – ein Stoßgebet:
Jesus wir werden alles tun, was du verlangst, aber hilf uns dabei!
Amen.

Aus der Benediktsregel

Stehen wir also endlich einmal auf! Die Schrift rüttelt uns wach und ruft: »Die Stunde ist da, vom Schlaf aufzustehen.« (Röm 13,11) Öffnen wir unsere Augen dem göttlichen Licht, und hören wir mit aufgeschrecktem Ohr, wozu uns die Stimme Gottes täglich mahnt und aufruft: »Heute, wenn ihr seine Stimme hört, verhärtet euer Herz nicht.« (Ps 95, 7–8)

(Prolog, Verse 8–10)

Betrachtung

Wir werden ermutigt, ja fast gedrängt, uns der Tatsache zu stellen, dass Gott wirklich existiert und an allem, was wir tun, interessiert ist. Er wird uns helfen, wenn wir in unserem Leben und Arbeiten auf ihn hören und nach ihm Ausschau halten. Weise es nicht zurück, wenn du merkst, dass Gott dich leitet. Gott ist gut!

Gebet

Hilf uns, Jesus, aufzuwachen,
nicht nur von der Ruhe der Nacht,
sondern auch von unserem eingeschlafenen Glauben.
Lass uns erkennen, welche Freude und Spannung darin liegt,
dich zu kennen
und die Gewissheit zu spüren, dass du jeden von uns liebst.
Amen.

Aus der Benediktsregel

Schließlich sagt der Herr im Evangelium: »Wer diese meine Worte hört und danach handelt, ist wie ein kluger Mann, der sein Haus auf Fels gebaut hat.« (Mt 7,24)

(Prolog, Vers 33)

Betrachtung

Wenn wir etwas Neues erhalten, fragen wir oft: »Gibt es dafür eine Garantie?« Dies ist die Garantie, die wir zu Beginn der Regel erhalten: Wer dieser Regel folgt, ist mit Vernunft gesegnet.
Erneut wird uns geraten zuzuhören. Schauen wir uns das Wort »hören« genauer an. Es gibt verschiedene Gründe, warum wir zuhören:

– um zu lernen
– um zu helfen und zu trösten
– um zu lehren

Tun wir dies alles wirklich? Liegt uns das eine mehr als das andere?

Gebet

Herr Jesus, schenke uns hörende Ohren,
ein hörendes Herz und einen hörenden Verstand.
Hilf uns zu lernen, zu lieben und zu lehren.
Lass uns all dies in deinem Namen und in deiner Liebe tun.
Amen.

Aus der Benediktsregel

Wir wollen also eine Schule für den Dienst des Herrn einrichten. Bei dieser Gründung hoffen wir, nichts Hartes und nichts Schweres festzulegen. ... Fliehe nicht vom Weg des Heils; er kann am Anfang nicht anders sein als eng.

(Prolog, Verse 45, 46, 48)

Betrachtung

Komm schon – es gibt eine Belohnung. Das Reich Gottes ist das Ziel! Der Weg dorthin ist sicherlich schwierig, aber wir haben einen Begleiter, der nicht unhöflich und hartherzig ist, sondern voller Liebe zu uns. Benedikt spricht von einer »Schule für den Dienst des Herrn«. Wenn unsere Schule wirklich die Schule des Herrn wäre, welch ein Ort wäre das, um dort zu arbeiten und zu spielen!

Gebet

Jesus,
du hast uns niemals versprochen, dass es einfach und bequem wäre, dir zu folgen. Wir brauchen deine helfende Kraft, um unserer Aufgabe treu zu bleiben: Hilf uns, dein Königreich in unserer Schule aufzubauen, damit sie nicht länger unsere Schule mit dir als Gast darin, sondern deine Schule mit uns als Schülern darin ist.
Amen.

Anregung

Der Prolog besteht aus achtundvierzig Versen. Ich habe hier nur einige davon angesprochen, sozusagen als Kostprobe. Bist du bereit, dich weiter darauf einzulassen?

Kapitel 1: Die Arten der Mönche

Aus der Benediktsregel

Wir kennen vier Arten von Mönchen. Die erste Art sind die Koinobiten: Sie leben in einer klösterlichen Gemeinschaft und dienen unter Regel und Abt. Die zweite Art sind die Anachoreten, das heißt Einsiedler. ... Die dritte Art sind die Sarabaiten, eine ganz widerliche Art von Mönchen. ... Was sie meinen und wünschen, das nennen sie heilig, was sie nicht wollen, das halten sie für unerlaubt. Die vierte Art der Mönche sind die so genannten Gyrovagen. ... Immer unterwegs, nie beständig.

(Kapitel 1, Verse 1–3, 6, 9–11)

Betrachtung

Der heilige Benedikt will, dass wir darüber nachdenken, wer wir sind. Ob wir Schüler oder Lehrer sind: Wahrscheinlich haben wir noch nicht genug gelernt, um alleine außerhalb einer Gemeinschaft zu Gott zu gelangen, wie es die Einsiedler versuchen.
Wenn wir wie die Sarabaiten sind, sind wir viel zu egoistisch, um uns um irgendjemanden in der Gemeinschaft zu kümmern. Wir sehen den Wert der anderen Menschen nicht.
Wenn wir wie die Gyrovagen sind, dann verbringen wir unsere Zeit damit, von einer Idee zur nächsten oder von einem Lebensstil zum anderen zu wechseln. Niemals kommen wir lange genug zur Ruhe, um anderen Menschen oder uns selbst eine wirkliche Wohltat zu sein.
Wenn wir aber wie die Koinobiten sind, dann verstehen wir, wie wichtig Gemeinschaft und Begleitung sind, um Gott zu dienen. Für solche Menschen hat der heilige Benedikt seine Regel geschrieben.

Gebet

Jesus, du wusstest genau, wer du warst. Du hast erkannt, wie wichtig die Führung war, die dir im Wort Gottes zuteil wurde. Auch die Gemeinschaft deiner Jünger war für dich von großer Bedeutung.
Hilf uns, so zu sein wie du. Amen.

Kapitel 2: Der Abt

Dieses Kapitel handelt von Autorität und davon, wie wir mit den Höhergestellten, mit denen wir zu tun haben, umgehen – egal, ob es sich hierbei um einen Direktor, ein Mitglied des Lehrerkollegiums, einen Referendar, einen Schüler oder ein Elternteil handelt.

Aus der Benediktsregel

Der Abt, der würdig ist, einem Kloster vorzustehen, muss immer bedenken, wie man ihn anredet, und er verwirkliche durch sein Tun, was diese Anrede für einen Oberen bedeutet. Der Glaube sagt ja: Er vertritt im Kloster die Stelle Christi; wird er doch mit dessen Namen angeredet.

(Kapitel 2, Verse 1-2)

Betrachtung

Autorität ist eine seltsame Sache: Der eine genießt sie, der andere leidet unter ihr. Wem Autorität gegeben ist, wer also Macht über andere ausübt, der hat auch die Verantwortung, diese Macht gewissenhaft einzusetzen.
Wer anderen das Leben unnötig schwer macht oder seine Stellung aus egoistischen Gründen missbraucht, der handelt falsch. Der heilige Benedikt verurteilt Machtmissbrauch ausdrücklich. Der Abt soll seine Autorität mit Bedacht und Gerechtigkeit einsetzen.

Gebet

Vater,
Autorität ist eine große Verantwortung,
etwas, mit dem wir sehr vorsichtig umgehen müssen.
In den falschen Händen kann sie destruktiv sein,
in verantwortungsvollen Händen kreativ.
Wir beten, dass, welche Autorität und Macht auch immer uns über andere gegeben wird,
wir sie weise nutzen und dich dadurch ehren.
Amen.

Aus der Benediktsregel

Der Abt bevorzuge im Kloster keinen wegen seines Ansehens. Den einen liebe er nicht mehr als den anderen.

(Kapitel 2, Verse 16–17)

Betrachtung

Ob Lehrer oder Schüler, wir sollten niemanden bevorzugen. Wir sollten nicht für den einen mehr tun als für den anderen oder in einer Schulstunde mehr arbeiten als in der nächsten. Lieblinge zu haben kann zu Schwierigkeiten führen und dazu führen, dass sich die Menschen unwohl fühlen. Wir sollten versuchen, zum Wohle aller zu arbeiten, heißt es Benedikt.
Halten wir einmal inne und denken nach: Bevorzugen wir jemanden? Und falls wir das tun: Ist das wirklich fair? Sind wir gerecht?

Gebet

Himmlischer Vater,
oft fühlen wir uns von bestimmten Personen und Dingen angezogen.
Du aber zeigst uns, dass wir alle im gleichen Maße von dir geliebt werden und dass wir in deinen Augen wertvoll sind.
Hilf uns, einander zu wertzuschätzen
und andere gerecht zu behandeln.
Amen.

Aus der Benediktsregel

Wenn er mit seinen Ermahnungen anderen zur Besserung verhilft, wird er selbst von seinen Fehlern geläutert.

(Kapitel 2, Vers 40)

Betrachtung

Hast du auch schon einmal jemanden kritisiert und dann wenig später feststellen müssen, dass du genauso handelst wie derjenige, den du zuvor kritisiert hast? Daraus lernen wir: Wir alle machen Fehler. Gerade deshalb sollten wir nicht zu hart gegenüber anderen sein.

Wir können viel aus unseren Fehlern lernen, wenn wir bereit sind, nicht nur fremde Kritik zu akzeptieren, sondern auch unser eigenes Handeln einer selbstkritischen Prüfung zu unterziehen. »Warum siehst du den Splitter in dem Auge deines Bruders, aber den Balken in deinem Auge bemerkst du nicht?« (Mt 7,3)

Gebet

Jesus,
gib uns die Aufrichtigkeit und Demut, unsere eigenen Fehler zu erkennen und zu korrigieren, besonders jene, die wir so schnell an anderen feststellen.
Amen.

Aus der Benediktsregel

Deshalb darf der Abt nur lehren und bestimmen, was der Weisung des Herrn entspricht.

(Kapitel 2, Vers 4)

Betrachtung

In Schulen gibt es zwar keine Äbte, wohl aber Verantwortliche. Darum spielen auch Benedikts Ausführungen zur Rolle und Person des Abtes eine Rolle. Jeder, der sich in einer verantwortlichen Position befindet, muss seine Pflichten nach Gottes Willen erfüllen. So handelt man am gerechtesten und am besten. Wir erwarten sehr viel von denen, die Verantwortung tragen. Wir sind nur allzu schnell bereit, Personen in hoher Stellung zu kritisieren, wenn sie etwas falsch machen – und manchmal sogar dann, wenn sie nichts falsch machen!
Wie oft beten wir für Leute mit Verantwortung, die unter Druck stehen? Wie oft sind wir diejenigen, die diesen Druck verursachen? So lasst uns beten ...

Gebet

Wir beten für diejenigen, die eine hohe Position innehaben, und für diejenigen, die Verantwortung tragen.
Mögen sie von deinem Beispiel geleitet sein, sodass sie andere sowohl in ihren Worten als auch in ihren Taten weise leiten.
Amen.

Kapitel 3: Die Einberufung der Brüder zum Rat

In diesem Kapitel fordert der heilige Benedikt die Brüder dazu auf, sich untereinander zu beraten, und ermahnt sie, einander zuzuhören. Auch vom Hören auf die Stimme Gottes ist die Rede. »Ach, würdet ihr doch heute auf seine Stimme hören! Verhärtet euer Herz nicht ... « (Psalm 95, 7–8) Wenn Gott versucht, dich anzusprechen, verschließe dich nicht. Es könnte wichtig sein!

Aus der Benediktsregel

Dass aber alle zur Beratung zu rufen seien, haben wir deshalb gesagt, weil der Herr oft einem Jüngeren offenbart, was das Bessere ist.

(Kapitel 3, Vers 3)

Betrachtung

Normalerweise denken wir, dass diejenigen, die über Autorität und Erfahrung verfügen – und damit meist die älteren Mitglieder der Gemeinschaft –, mit ihren Worten das Richtige treffen. Benedikt jedoch sagt, dass man allen zuhören soll und dass alle Meinungen angehört werden sollen.

Manchmal kommt ein Neuling oder jemand, der mit jugendlichem, frischem Geist an etwas herangeht und gerade deshalb eine sinnvolle Lösung findet oder zumindest einen guten Vorschlag macht. Nachdem sämtliche Vorschläge gründlich und vorurteilslos geprüft wurden, sollte die verantwortliche Person letztlich die Entscheidung zum Wohl aller fällen.

Gebet

Gott, unser Vater,
hilf uns, immer Raum zu schaffen für die Meinungen anderer.
Hilf uns, dass wir in jeder Situation um deinen Rat bitten
und dass es uns gelingt, auf dein Wort zu hören.
Möge alles, wofür wir uns entscheiden, zum Wohle aller sein.
Amen.

Aus der Benediktsregel

Wie es jedoch den Jüngern zukommt, dem Meister zu gehorchen, muss er seinerseits alles vorausschauend und gerecht ordnen.

(Kapitel 3, Vers 6)

Betrachtung

»Das ist unfair!« Wie oft hören oder sprechen wir diesen Satz? Benedikt lehrt uns, stets jede Entscheidung sorgfältig zu überdenken, bis der weiseste Weg gefunden ist. Nur dann kann die Person, die eine Entscheidung trifft, darauf vertrauen, dass der gefällte Beschluss gerecht ist.

Gott in unseren Entscheidungsprozess einzubinden, ist ein sicherer Weg, ein gerechtes Resultat zu erreichen. Aber sind wir bereit, Gott in unsere Entscheidungsprozesse hineinwirken zu lassen?

Gebet

Vater,
wenn wir unsere Hände in deine legen und uns von dir den Weg zeigen lassen, mag das nicht der immer einfachste, sicher aber der richtige Weg sein.
Gib uns ein Gefühl der Sicherheit und des Vertrauens, wenn wir dir wichtige Entscheidungen überlassen.
Gib uns ein freundliches Herz, das es uns möglich macht, wach für die Gefühle anderer zu sein und immer gerecht zu handeln.
Amen.

Aus der Benediktsregel

Alle sollen in allem der Regel als Lehrmeisterin folgen, und niemand darf leichtfertig von ihrer Weisung abweichen.

(Kapitel 3, Vers 7)

Betrachtung

Auf den ersten Blick mag es scheinen, als widerspreche dieser Abschnitt den beiden vorherigen. Doch das Gegenteil ist der Fall: Wenn alles vorher Gesagte befolgt wurde, ist die so zustande gekommene Entscheidung gerecht. Es handelt sich um den wohl überlegten Beschluss der Mehrheit, der akzeptiert werden sollte.
Auch wenn wir persönlich dieser Mehrheitsentscheidung einmal nicht zustimmen, sind wir es der Gemeinschaft doch schuldig, das zu befolgen, was in einem gerechten Entscheidungsprozess mehrheitlich beschlossen wurde.

Gebet

Jesus,
es gibt Zeiten, in denen nicht alles nach unserem Plan läuft.
Es gibt Situationen, mit denen wir uns nur mühsam abfinden.
Wir bitten dich um deinen Geist, damit es uns gelingt, andere Meinungen zu tolerieren, und um die Fähigkeit, die Dinge auch einmal aus der Sicht unserer Mitmenschen zu sehen.
Amen.

Zum Nachdenken

»Wer das Gesetz hält, achtet auf sich selbst; wer auf den Herrn vertraut, wird nicht zuschanden.« (Sir 32, 24)

Kapitel 4: Die Werkzeuge der geistlichen Kunst

Es ist zwar gut, hohe Ideale zu haben, doch kann es zu Verwirrung und Schuldgefühlen führen, wenn diese Ideale allzu schwer zu erfüllen sind. In diesem Kapitel zeigt uns der heilige Benedikt verschiedene Wege, auf denen wir Gott näher kommen können. Mag es auch nicht immer leicht sein, diese Wege zu gehen, so müssen wir doch zumindest nicht ziellos umherirren.

Aus der Benediktsregel

Sich dem Treiben der Welt entziehen. Der Liebe zu Christus nichts vorziehen. ... Der Rachsucht nicht einen Augenblick nachgeben. ... Von der Liebe nicht lassen. Die Wahrheit mit Herz und Mund bekennen.

(Kapitel 4, Verse 20, 21, 23, 26 und 28)

Betrachtung

Hier werden die wichtigsten Werkzeuge genannt, mit deren Hilfe wir unsere Aufgabe bewältigen können.
Worin aber besteht diese Aufgabe? Wir sollen als Christen leben und handeln. Im Zeichen des Kreuzes sollen wir überzeugte, aktive und loyale Mitarbeiter Jesu sein.
Benutzen wir die Werkzeuge, die uns zur Verfügung stehen? Versuchen wir, unsere Aufgabe zu erfüllen?

Gebet

Vater,
du gibst uns nie die Anweisung, etwas zu tun, ohne uns auch die Stärke und die Hilfe zu gewähren, die wir brauchen, um unsere Aufgabe zu erfüllen.
Wir bitten dich um den Mut, zu tun, was du von uns verlangst, und um die Fähigkeit, auf deine Führung zu vertrauen.
Amen.

Aus der Benediktsregel

Nicht Unrecht tun, vielmehr Erlittenes geduldig ertragen. Die Feinde lieben. Die uns verfluchen, nicht auch verfluchen, sondern – mehr noch – sie segnen.

(Kapitel 4, Verse 30–32)

Betrachtung

Gütiger Gott! Das kannst du nicht ernst meinen!
Ja, das sind die Worte des Evangeliums (Mt 5,44; Lk 6,27–28). Es ist die Lehre Jesu, die Benedikt uns immer wieder aufzeigt. Wir mögen diese Forderungen – zu Recht – als hart empfinden. Aber wenn wir all diese Gebote erfüllen würden, welch einen unglaublichen Unterschied würde das für die Gemeinschaft ausmachen! Warum nur will es uns so oft nicht gelingen, nach den Lehren Jesu zu leben?
Die Schwierigkeit liegt darin, dass wir immer nur auf unsere eigene Kraft vertrauen. Doch wir brauchen Gottes Hilfe, um diese schwere Aufgabe zu bewältigen.

Gebet

Gott, das ist schwer!
Hilf uns, dass wir so werden, wie du uns haben willst.
Gib uns die Kraft, dass wir nicht immer nur den Weg des geringsten Widerstands einschlagen.
Bitte verzeih uns die vielen Male, die wir dich, unsere Mitmenschen und uns selbst enttäuscht haben.
Amen.

Aus der Benediktsregel

Seine Hoffnung Gott anvertrauen. Sieht man etwas Gutes bei sich, es Gott zuschreiben, nicht sich selbst. Das Böse aber immer als eigenes Werk erkennen, sich selbst zuschreiben. Den Tag des Gerichtes fürchten. Vor der Hölle erschrecken. Das eigene Tun und Lassen jederzeit überwachen. Seinen Mund vor bösem und verkehrtem Reden hüten.

(Kapitel 4, Verse 41–45, 48 und 51)

Betrachtung

Gerade dann, wenn wir glauben, dass das von uns Geforderte schwierig zu erfüllen ist, werden die Forderungen noch schwieriger! Es ist uns danach zu sagen: »Gott, werde endlich realistisch!«
Aber wenn wir diesen Auszug aus der Regel langsam noch einmal lesen, dann spüren wir: Das Schwierigste daran ist, dass diese Worte so treffend sind!
Was bedeutet die Aussage über das Gericht? Wir werden über unser Leben Rechenschaft abgeben müssen, vor allem darüber, wie wir geliebt haben. Wenn wir das im Gedächtnis behalten, sollte es uns leicht fallen, unsere Zungen zu hüten.

Gebet

Gott,
es scheint so, als verlangtest du zu viel von uns! Aber auf der anderen Seite sagst du nicht: »Tu dies und dann helfe ich dir.« Du sagst: »Ich helfe dir und dann schaffst du es!«
Gott, hilf uns.
Amen.

Aus der Benediktsregel

Heilige Lesungen gerne hören. Sich oft zum Beten niederwerfen.
(Kapitel 4, Verse 55-56)

Betrachtung

Endlich ein Gebot, das uns leichter zu erfüllen scheint. Aber leben wir wirklich danach? Wie oft sind wir nicht gerade begeistert von den Gedanken eines bestimmten Abschnitts der Heiligen Schrift? Wie oft erscheint uns der Bibeltext trotz all seiner Weisheit uninteressant?
Warum lesen wir solche biblischen Perikopen nicht in einem freien Moment noch einmal? Hier liegt eine großartige Möglichkeit, mit Jesus ins Gespräch zu kommen. Das Gebet ist die Zeit, die wir mit Jesus, den wir doch als unseren Freund bezeichnen, verbringen. Wenn wir so wenig mit unseren Schulfreunden sprechen würden wie mit Jesus, so hätten wir wahrscheinlich nicht allzu viele Freunde.
Jesus, unser oft vernachlässigter Freund, wartet immer auf uns. Er freut sich immer, wenn wir uns Zeit für ihn nehmen. Jesus ist an allem interessiert, was wir tun und sagen. Lasst es uns mit ihm teilen.

Gebet

Herr,
die Leute sagen: »Es ist gut zu sprechen!«
Hilf uns dabei, eine gewisse Zeit mit dir zu verbringen,
Hilf uns dabei, mit dir zu sprechen und dir zuzuhören.
Wir brauchen deine Nähe zu uns.
Hilf uns, dass auch wir dir im Gebet nahe sind.
Amen.

Aus der Benediktsregel

Streit nicht lieben. Überheblichkeit fliehen. Die Älteren ehren, die Jüngeren lieben.

(Kapitel 4, Verse 68–71)

Betrachtung

Dieser Abschnitt hilft uns, das Leben in der Gemeinschaft zu bestehen. Manchmal werden wir streiten und wütend auf die anderen (und ab und zu vielleicht sogar auf uns selbst) sein. Und doch ist es wichtig für unser Zusammenleben, dass wir andere Menschen respektieren und lieben, ihre Bedürfnisse achten.
Ebenso wichtig ist es, dass wir anderen eine Chance geben, uns zu helfen, und uns anderen mitteilen. So sollen wir zu allen freundlich zu sein, egal, wie viel wichtiger oder wie viel weniger bedeutend sie uns im Vergleich zu uns selbst erscheinen.

Gebet

Jesus,
wir bitten dich um das Geschenk der Geduld.
Hilf uns dabei, freundlich und zuvorkommend zu sein, besonders wenn wir mit anderen zusammen sind.
Wir bitten dich, dass deine Liebe in unseren Herzen brennt, wenn wir denen zuhören, die Sorgen und Probleme haben.
Amen.

Aus der Benediktsregel

Nach einem Streit noch vor Sonnenuntergang zum Frieden zurückkehren.

(Kapitel 4, Vers 73)

Betrachtung

Hier zeigt sich Benedikts Menschlichkeit: Ihm ist bewusst, dass wir Menschen streiten. Es gibt Menschen in der Schulgemeinschaft, die uns auf die Nerven gehen, Menschen, die uns immer wieder Schwierigkeiten zu verursachen scheinen.
Wenn wir in den uns von Gott geschenkten Werkzeugkasten blicken, finden wir dort ein elementar wichtiges Werkzeug: die Vergebung. Sind zwischenmenschliche Beziehungen zerbrochen, so wird das Zusammenleben dann besonders schwierig, wenn wir einander die Versöhnung verweigern.
Der Heilungsprozess ist umso schmerzhafter, je länger er dauert. Deshalb versuche, mit den Werkzeugen der Vergebung und der Liebe den Frieden und die Freundschaft wiederherzustellen, bevor der Tag zu Ende geht.

Gebet

Jesus,
wir bitten dich, stärke unseren Mut, um Verzeihung zu bitten, besonders dann, wenn durch unsere Schuld Beziehungen und Freundschaften zerbrochen sind.
Bitte mach uns gesund, dass wir unsere Freunde so akzeptieren können, wie du sie akzeptierst.
Vergib uns unsere Schuld wie auch wir vergeben
unseren Schuldigern.
Amen.

Aus der Benediktsregel

Und an Gottes Barmherzigkeit niemals verzweifeln.
(Kapitel 4, Vers 74)

Betrachtung

Im Laufe unserer Schulzeit müssen wir mit vielen Problemen klarkommen. Gott weiß, dass wir von Zeit zu Zeit verzweifelt kämpfen. Doch er lässt uns in unserem Kampf nicht allein. Er wird immer an unserer Seite sein, sodass wir niemals ein Problem allein bewältigen müssen. Geteiltes Leid ist halbes Leid.
Wenn wir es mit Gott teilen, wird unser Problem wahrscheinlich ganz verschwinden!

Gebet

Gott,
wir sagen dir Dank für deine andauernde Anwesenheit in unserem Leben. Bitte erinnere uns immer wieder daran, dass du bei uns bist.
Amen.

Aus der Benediktsregel

Die Werkstatt aber, in der wir das alles sorgfältig verwirklichen sollen, ist der Bereich des Klosters und die Beständigkeit in der Gemeinschaft.

(Kapitel 4, Vers 78)

Betrachtung

Unsere Arbeitsstätte ist die Schule. Die Werkzeuge, die wir benutzen, werden wir eines Tages dem zurückgeben, von dem wir sie erhalten haben: Gott. Dann werden wir Rechenschaft darüber ablegen müssen, wie wir die Werkzeuge genutzt haben: Haben wir das Werkzeug der Vergebung gut und oft benutzt? Haben wir das Werkzeug des Gebets, des Zuhörens, das Werkzeug der Schriftlesung und, mehr als alles andere, das Werkzeug der Liebe benutzt?
Wir werden nicht gefragt werden, ob wir in unserem Beruf bis zur Spitze kamen, wie viele Ehrungen und Auszeichnungen wir erhalten oder wie viel Geld wir gescheffelt haben. Wir werden gefragt werden, wie gut und wie oft wir das Beste aller Werkzeuge, die Liebe, genutzt haben.

Gebet

Mögen die Liebe Gottes, die in der gütigen Liebe Jesu sichtbar wurde, und das liebevolle Wirken des Heiligen Geistes unsere Herzen, unsere Gedanken und unsere Gemeinschaft erfüllen.
Heute und für immer.
Amen.

Zum Nachdenken

Ist dies die Schule Gottes, deren Teil wir sind, oder ist es unsere Schule, in der Gott lediglich ein Bestandteil unter anderen ist?

Kapitel 5: Gehorsam

Dieses Kapitel provoziert: Es geht darum, seinen eigenen Willen dem Willen eines anderen unterzuordnen. Benedikt verlangt von uns nicht nur, dass wir das tun, was uns gesagt wird. Er geht darüber hinaus und verlangt, dass wir uns *gerne* dem Willen des anderen unterwerfen. Wir sollen uns aus Liebe beugen, nicht, weil wir eine Belohnung dafür erwarten.
Das geht! Die Regel muss *gelebt* werden, nicht nur gelesen. Sicherlich kann das hart sein, doch ist das kein Grund, es nicht zu versuchen. Dadurch, dass wir es versuchen, könnten wir uns selbst und andere überraschen.

Aus der Benediktsregel

Der erste Schritt zur Demut ist Gehorsam ohne Zögern. ... darf es für sie nach einem Befehl des Oberen kein Zögern geben, sondern sie erfüllen den Auftrag sofort, als käme er von Gott.

(Kapitel 5, Verse 1 und 4)

Betrachtung

Gesagt zu bekommen, was wir tun sollen, ist schwer. Vor allem dann, wenn wir etwas tun sollen, was wir nicht tun mögen. Würde uns jemand sagen, dass wir mehr Schokolade essen sollen, wäre unsere Antwort wahrscheinlich: »Kein Problem!«

Aber wenn wir die Anweisung bekommen, mit unserer Arbeit fortzufahren, die Teller nach dem Essen abzuwaschen, uns für etwas zu entschuldigen, auf dem Schulhof Abfall aufzusammeln, unsere Hausaufgaben zu machen – das alles ist sehr viel unangenehmer.

Jeder muss von irgendwann einmal Anordnungen von jemand anderem entgegennehmen. Benedikt sagt, dass wir unverzüglich denen gehorchen sollen, die über uns stehen, so, als ob ihre Befehle von Gott kämen. Ob es uns Spaß macht oder nicht, steht dabei nicht zur Debatte!

Gebet

Jesus,
es ist schwer, Befehle zu empfangen, vor allem dann, wenn uns die uns aufgetragene Pflicht nicht behagt.
Lass uns auf deinen Gehorsam zu blicken, auf deine Treue bis zum Tod am Kreuz.
Mögen wir an deinem Tod sehen, wie groß deine Selbstlosigkeit und deine Opferbereitschaft waren. Vielleicht wird uns dann unsere eigene Aufgabe nicht mehr so schwer erscheinen.
Amen.

Aus der Benediktsregel

Daher verlassen Mönche sofort, was ihnen wichtig ist, und geben den Eigenwillen auf. Sogleich legen sie unvollendet aus der Hand, womit sie eben beschäftigt waren. Schnellen Fußes folgen sie gehorsam dem Ruf des Befehlenden mit der Tat.

(Kapitel 5, Verse 7–8)

Betrachtung

Wenn wir als Schüler den Anweisungen unserer Lehrer oder als Lehrer den Anweisungen unserer Direktoren Folge leisten, dann sollten wir nicht halbherzig sein. Gehorsam heißt, ausdauernd an unserer Aufgabe festzuhalten und unser Beste zu geben.

Gebet

Jesus,
du wurdest verspottet. Verletzende Dinge wurden zu dir gesagt.
Hilf uns, auch mit Menschen gut umzugehen, deren Worte und Taten uns verletzen.
Hilf uns, dass wir uns auch da, wo es schwer fällt, mit Leib und Seele einsetzen, wenn wir wissen, dass wir das richtige Ziel vor Augen haben.
Amen.

Aus der Benediktsregel

Wenn aber der Jünger verdrossen gehorcht, also nicht nur mit dem Mund, sondern auch im Herzen murrt, so findet er, selbst wenn er den Befehl ausführt, doch kein Gefallen bei Gott, der das Murren seines Herzens wahrnimmt.

(Kapitel 5, Verse 17–18)

Betrachtung

Wenn Gott uns um etwas bittet, sollen wir das, was er uns aufträgt, nicht nur »einfach so« erledigen, sondern mit der richtigen Einstellung, also ohne laut oder in Gedanken zu murren. Zugegeben: Das fällt manchmal schwer. Aber wer hat behauptet, dass Christsein einfach ist?

Schauen wir, wie Benedikt sich einen Christen vorstellte. Ein solcher Christ zu sein erscheint sogar besonders anstrengend! Aber wer sich großen Herausforderungen stellt, wird eines Tages reichlich dafür belohnt werden. Doch frage nicht, wann. Denn das liegt in Gottes Hand.

Gebet

Herr,
hilf uns, nicht zu murren, sondern lehre uns, das, was wir tun müssen, gerne zu tun!
Amen.

Anregung

Jetzt ist der rechte Zeitpunkt gekommen, die Benediktsregel in die Tat umzusetzen. Beginne mit etwas Einfachem: Nimm dir vor, an einem Tag in dieser Woche etwas Unangenehmes mit einem Lächeln zu erledigen – ohne es vor dir herzuschieben. Teste deinen Gehorsam. Wenn uns allen dies gelänge, dann würde unsere Schule im Sinne des Evangeliums wachsen.

Ein Beispiel: Zur Zeit des heiligen Benedikt gab es keine Limodosen und Plastikverpackungen, die entsorgt werden mussten. Darum steht in seiner Regel nichts über Müll geschrieben. Aber es war Benedikt sehr wichtig, dass wir uns um die Dinge kümmern, die uns gegeben wurden. Achte deshalb auf die Schöpfung, hebe den Müll auf und wirf ihn dahin, wo er hingehört.

Kapitel 6: Die Schweigsamkeit

Aus der Benediktsregel

Albernheiten aber, müßiges und zum Gelächter reizendes Geschwätz verbannen und verbieten wir für immer und überall.
(Kapitel 6, Vers 8)

Betrachtung

In jeder Schule gibt es Menschen, die viel Zeit mit Tratschen verbringen. Klatsch gehört zu den zerstörerischsten Dingen, zu denen man die Sprache nutzen kann. Auch wenn du dir sicher bist, dass der Tratsch wahr ist: Was geht er dich an? Wäre die Person, über die du redest, verletzt, wenn sie dich hören würde?
Benedikt verachtet Klatsch und Tratsch. Das klingt ganz schön hart! Aber Tratsch kann eine Gemeinschaft zersetzen wie eine Säure.

Gebet

Gott,
du hast uns die Sprache geschenkt. Lass uns diese Gabe immer zu schätzen wissen. Hilf uns, dass wir die Sprache nur zum Guten nutzen, nicht aber, um andere zu verletzen. Gib uns Mut, uns dem Tratsch zu entziehen, obwohl wir uns so leicht zum Mitmachen verlocken lassen.
Amen.

Aus der Benediktsregel

Hier zeigt der Prophet: Man soll der Schweigsamkeit zuliebe bisweilen sogar auf gute Gespräche verzichten. Umso mehr müssen wir wegen der Bestrafung der Sünde von bösen Worten lassen.

(Kapitel 6, Vers 2)

Betrachtung

Um des Schweigens willen ist es manchmal besser, nicht einmal Positives zu sagen! Auf den ersten Blick mag das fremd erscheinen, weil wir uns alle wohler fühlen, wenn wir uns unterhalten, als wenn wir schweigen.

Doch für Benedikt heißt Schweigsamkeit mehr als nur das Fehlen von Lärm. Benedikt meint eine tiefe innere Schweigsamkeit, die uns die Begegnung mit Gott ermöglicht. Innigstes Gebet braucht keine Worte. Diese Art, sich wortlos ins Gebet zu vertiefen, nennt man Kontemplation. Jeder kann das ausprobieren!

Im Unterricht gehen Gehorsam und Schweigsamkeit ineinander über. Auch wenn wir etwas Gutes und Richtiges sagen wollen, ist es falsch dazwischenzureden, wenn wir still sein sollten oder gerade jemand anderer spricht.

Gebet

Herr,
wir leben in einer Welt voller Lärm und Hektik. Wir bitten dich, dass wir auch die Stille zu schätzen lernen. Lass uns erfahren, dass Schweigsamkeit nicht nur das Fehlen von Lärm ist, sondern ein Ort, an dem wir dir begegnen können.
Amen.

Aus der Benediktsregel

Denn Reden und Lehren kommen dem Meister zu, Schweigen und Hören dem Jünger.

(Kapitel 6, Vers 6)

Betrachtung

Abermals ermutigt uns Benedikt zuzuhören. In erster Linie geht es darum, Gott zuzuhören und Gott in unseren Vorgesetzten zu erkennen. Diese Personen können unsere Lehrer, unser Abt oder Direktor, unsere Eltern, Tutoren, Novizenmeister oder unsere geistlichen Begleiter sein. Denken wir aber auch daran, dass wir später vielleicht selbst die Position eines Vorgesetzten bekleiden und gegenüber den zu Belehrenden und den zu Führenden Verantwortung tragen.

Gebet

Vater,
wir bitten dich darum, dass wir unsere Verantwortung gegenüber denen, die bei uns Hilfe, Schutz und geistliche Führung suchen, klug gebrauchen. Hilf, dass dein Wille sich in allem wieder findet, was wir anderen raten oder von anderen verlangen.
Amen.

Kapitel 7: Die Demut

Was in diesem Kapitel von uns verlangt wird, ist mehr als schwierig. Diese Forderungen zu erfüllen ist sehr viel verlangt. Und das ist noch eine Untertreibung! Benedikt ist streng wie immer. Doch zugleich ermutigt er uns und zeigt Verständnis für unsere Schwächen. Diese Nachsicht fordert uns heraus, alles daranzusetzen, dass wir so werden, wie Gott es von uns wünscht.
Benedikt beschreibt zwölf Schritte, die es braucht, um diese Demut zu erreichen.

Aus der Benediktsregel

Laut ruft uns, Brüder, die Heilige Schrift zu (Lk 14, 11): »Wer sich selbst erhöht, wird erniedrigt, wer sich aber selbst erniedrigt, wird erhöht werden.«

(Kapitel 7, Vers 1)

Betrachtung

»Wenn wir uns selbst zu Gott machen, ist niemand in unserer Gegenwart sicher.« Mit diesen Worten macht uns die amerikanische Benediktinerin Joan Chittister deutlich, wie wichtig die Demut für ein gelungenes Leben und eine gelungene Welt ist.[2]

Demut wird manchmal mit Erniedrigung verwechselt. Wer einen anderen erniedrigt, der handelt schlichtweg gemein, manchmal sogar unmenschlich. Wenn wir aber nach Demut in uns selbst streben, so entspricht das Gottes Willen und kann uns dazu verhelfen, ein besserer Mensch zu werden. Die beiden folgenden Beispiele sollen genauer zeigen, wie das gemeint ist:

Beispiel 1:
»Du! Ja, du Dummkopf! Heb diese Schachtel auf und stell sie dorthin, ja, dorthin, du Idiot!«
»Was bildest du dir eigentlich ein? Nenn mich gefälligst nicht Idiot! Heb deine blöde Schachtel doch selber auf!«

Beispiel 2:
»Du! Ja, du Dummkopf! Heb diese Schachtel auf und stell sie dorthin, ja dorthin, du Idiot!«
»Ja, okay. Hierhin. Ist das recht so?« (Ohne Sarkasmus gesagt.)

---

[2] Chittister; Joan: The Rule of St. Benedict. Insight for Ages. Crossroad Publishing Company. New York 1992.

Im zweiten Beispiel wird uns vorgeführt, was »Demut« bedeutet. Der beleidigende Tonfall des einen ist nicht das Problem des anderen, sondern das Problem dessen, der sich so beleidigend verhält.
Natürlich ist es schwer und ungewohnt, sich so freundlich-demütig wie der Beleidigte in Beispiel 2 zu verhalten – doch wenn wir unsere Gesellschaft und uns selbst verändern wollen, müssen wir wohl oder übel unsere Lebensgewohnheiten ändern.

Gebet

Gott,
gib uns die nötige Kraft und Einsicht, damit wir demütig sein können. Demut zu üben ist nicht einfach. Doch wenn wir es immer wieder von neuem versuchen, wird das uns und unsere Gemeinschaft verändern.
Hilf uns, niemals jemanden mit unseren Worten und Handlungen zu erniedrigen oder zu beschämen.
Amen.

Aus der Benediktsregel

Die erste Stufe der Demut: Der Mensch achte stets auf die Gottesfurcht und hüte sich, Gott je zu vergessen. ... Der Mensch erwäge: Gott blickt vom Himmel zu jeder Stunde auf ihn.

(Kapitel 7, Verse 10 und 13)

Betrachtung

Würden wir stets genauso handeln, wenn wir wirklich glauben würden, dass Gott uns beobachtet? Manchmal tun wir gewisse Dinge nicht, wenn wir wissen, dass unsere Eltern oder Lehrer zuschauen. Gott sieht wirklich alles! Doch er sieht mit Liebe, Verzeihung und Versöhnung auf uns.
Das sollte uns zum richtigen Handeln ermutigen. Die Kraft Gottes wird uns unterstützen, wenn wir nur endlich wirklich anerkennen, dass Gott Gott ist.

Gebet

Hilf uns,
auf dich zu vertrauen. Lass glauben, dass du Gott bist. Du weißt in jeder Situation, was gut für uns ist. Du siehst uns immer und überall, und weil du uns liebst, wirst du das Beste für uns tun.
Amen.

Aus der Benediktsregel

Mit Recht werden wir also belehrt, nicht unseren Willen zu tun, sondern zu beachten, was die Schrift sagt.

(Kapitel 7, Vers 21)

Betrachtung

Benedikt zitiert sehr häufig aus der Heiligen Schrift. Sein Leben ist erfüllt von den Psalmen und Evangelien.
Wie vertraut bist du mit der Heiligen Schrift? Besitzt du eine Bibel? Liest du zu Hause oder in der Schule in der Bibel – sei es aus allgemeinem Interesse oder weil du dir von dieser Lektüre Hilfe und Rat versprichst? Oder benutzt du die Bibel nur im Religionsunterricht? Man sagt, dass die Heilige Schrift das größte Geschenk der Welt ist, dass darin alle Antworten, Trost und Anleitungen enthalten sind, die wir brauchen. Die Bibel ist das Wort Gottes, die Frohe Botschaft!
Aber welchen Stellenwert hat sie in unserem Leben? Würde es uns nicht gut tun, jeden Tag einige Verse zu lesen und darüber nachzudenken?

Gebet

Gott,
du hast uns die Heilige Schrift geschenkt. Hilf uns, sie zu lesen und daraus zu lernen. Lass uns immer daran denken, dass Worte der Bibel unser Leben und unsere Gemeinschaft beeinflussen.
Amen.

Anregung

Beiß dir auf die Zunge, wenn dich jemand beleidigen oder blamieren will! Erhebe dich über deinen verletzten Stolz und du wirst wie ein Riese sein!

Aus der Benediktsregel

Dass aber Gottes Wille in uns geschehe, darum bitten wir ihn im Gebet.

(Kapitel 7, Vers 20)

Betrachtung

Benedikt zufolge dürfen wir eine Antwort auf unsere Gebete erhoffen. Doch wir müssen auch akzeptieren, dass Gottes Antworten anders sind als unsere eigenen. Das Streben nach Vollkommenheit führt uns nicht zu Gott.
Viel wichtiger ist es, dass wir durchhalten und nicht aufgeben. Manchmal ist es gar nicht so einfach, angesichts einer Herausforderung nicht die Flinte ins Korn zu werden.

Gebete

Vater unser im Himmel ...
So oft beten wir, wie du uns gelehrt hast, aber oft denken wir nicht über unsere Worte nach. Hilf uns, dass wir heute wirklich um das beten, was du geschehen lassen willst.
Amen.

Herr,
hilf uns, die richtigen Entscheidungen zu treffen, selbst wenn wir insgeheim fürchten, dass diese Entscheidungen zulasten unserer Beliebtheit oder unseres Ansehens gehen könnten.
Amen.

Aus der Benediktsregel

Die zweite Stufe der Demut: Der Mönch liebt nicht den eigenen Willen und hat deshalb keine Freude daran, sein Begehren zu erfüllen.
(Kapitel 7, Vers 31)

Betrachtung

Gott sollte im Mittelpunkt all unseres Handelns stehen. Dann können wir ohne Widerspruch das tun, worum wir gebeten werden: »Stell dich hinten an« oder »Heb den Müll auf«. Gehorche, ohne zu fragen. Sag nicht: »Ich war zuerst hier« oder »Ich hab das nicht fallen lassen.«
Wie oft hast du heute schon »Nein« gesagt, als du aufgefordert wurdest, etwas zu tun?
All diese kleinen Pflichten, all diese kleinen Rangeleien darum, wer was tun soll, sind zweitrangig und unwichtig – weil Gott im Mittelpunkt unseres Lebens steht. Erinnern wir uns stets daran, dass Gott das Beste für uns will.

Gebet

Jesus,
schwere Stunden hast du im Garten von Gethsemane erlebt. Du hast Gott angefleht, dir die drohenden Leiden zu ersparen. Aber du hast dein Schicksal akzeptiert und dein Kreuz auf dich genommen.
Hilf uns, unser eigennütziges Denken zu überwinden und alles, was von uns erwartet wird, ohne Murren zu erfüllen.
Amen.

Aus der Benediktsregel

Die dritte Stufe der Demut: Aus Liebe zu Gott unterwirft sich der Mönch dem Oberen in vollem Gehorsam. So ahmt er den Herrn nach, von dem der Apostel (in Phil 2,8) sagt: »Er war gehorsam bis zum Tod.«

(Kapitel 7, Vers 34)

Betrachtung

Gehorsam zu üben ist nicht leicht. Vor allem dann nicht, wenn das bedeutet, auf etwas zu verzichten: auf unsere Lieblingsstunde, auf unsere Freizeit, auf unser Hobby. Allzu oft beschweren wir uns oder sind ungehorsam aufgrund unserer persönlichen Bedürfnisse. Benedikt meint, dass wir diese persönlichen Bedürfnisse hintanstellen sollten. Stattdessen sollten wir im Blick haben, was vor Gott richtig ist: Zum Beispiel könnten wir, statt mit gleicher Münze zurückzuzahlen, einfach weggehen, wenn wir angegriffen, beleidigt oder beschimpft werden. Es ist nicht immer leicht, Gottes Willen zu erfüllen, aber es ist der richtige Weg. Darum sollten wir stets dankbar sein, wenn wir auf diesen Weg zurückgeführt werden.

Gebete

Herr,
vergib uns all die Zeit, in der wir nur an uns denken. Vergib uns und schenk uns die Kraft, deinem Beispiel zu folgen und uns in Gehorsam zu üben, auch wenn es schwer fällt.
Amen.

Jesus,
hilf uns, dass wir das, was uns aufgetragen wurde, mit einer positiven Einstellung und in der richtigen Gesinnung erfüllen.
Amen.

Aus der Benediktsregel

Die vierte Stufe der Demut: Der Mönch übt diesen Gehorsam auch dann, wenn es hart und widrig zugeht. Sogar wenn ihm dabei noch soviel Unrecht geschieht, schweigt er und umarmt gleichsam bewusst die Geduld. Er hält aus, ohne müde zu werden oder davonzulaufen, sagt doch die Schrift (Mt 10,22): »Wer bis zum Ende standhaft bleibt, der wird gerettet.«

(Kapitel 7, Verse 35–36)

Betrachtung

Als ob die bisher verlangten Schritte nicht schon schwer genug wären! Selbst wenn wir ungerecht behandelt werden, müssen wir uns selbst fragen: »Was erwartet Gott von mir in dieser Situation?«, »Wie würde Gott wollen, dass ich reagiere?«

Gebet

Herr,
es ist schwer, anderen zu gehorchen, vor allem dann, wenn wir ungerecht behandelt oder missverstanden werden. Hilf uns, auch das Schwere zu akzeptieren. Denn das Schwere in unserem Leben ist das, woran wir wachsen.
Amen.

Anregungen

- Widersprich nicht, wenn dir gesagt wird, etwas zu tun, das du nicht willst.
- Frage Gott in jeder Situation, in der du Rat brauchst.
- Versuche, zu Gott zu sagen: »Ich überlasse es dir. Ich will diesen Weg nicht alleine gehen. Du bist es, der weiß, was am Besten ist.«

Aus der Benediktsregel

Dazu ermahnt uns die Schrift mit den Worten: »Eröffne dem Herrn deinen Weg und vertrau auf ihn!« Sie sagt auch: »Legt vor dem Herrn ein Bekenntnis ab; denn er ist gut, denn seine Huld währt ewig.«
(Kapitel 7, Verse 45–46)

Betrachtung

Dieses Kapitel über Demut wird von Abschnitt zu Abschnitt schwieriger. Doch eins muss man zugeben: Würden wir voll und ganz nach Benedikts Lehren leben, würde es unsere Schule, unsere Beziehungen, unsere Arbeit und uns selbst zu Besseren verändern. Es reicht nicht, die Regel zu lesen. Der Regel entsprechend zu handeln – das ist wichtig! Sein Innerstes ehrlich offen zu legen, das ist nach Benedikt eine grundlegende Voraussetzung für persönliches Wachstum.
Es ist wichtig, dass wir uns selbst eingestehen, wenn wir etwas falsch gemacht haben – sogar dann, wenn niemand sonst davon weiß. Wir müssen es Gott nicht erzählen, da Gott alles weiß. Wir müssen unsere Fehler uns selbst sowie anderen gegenüber zugeben. Wenn du zum Beispiel, ohne dass es jemand gesehen hat, mit einem Fußball ein Fenster zerbrochen hast. Denkst du, dass du dich aus der Verantwortung stehlen kannst, wenn du nichts sagst? Nach Benedikt musst du deinen Fehler zugeben. Nur dann kann etwas getan werden, um den Fehler wieder gutzumachen. Wenn du deine Fehler nicht zugibst, blendest du nur dich selbst.

Gebet

Herr,
wenn wir etwas tun, von dem wir wissen, dass es falsch ist, das aber unbemerkt bleibt: Hilf uns, Farbe zu bekennen und es zuzugeben.
Vater, hilf uns zu erkennen, dass die Wahrheit dir immer gefällt.
Amen.

Aus der Benediktsregel

Er sagt sich mit dem Propheten (Ps 73,22–23): »Zu nichts bin ich geworden und verstehe nichts; wie ein Lasttier bin ich vor dir und bin doch immer bei dir.«

(Kapitel 7, Vers 50)

Betrachtung

In unserer Gesellschaft dreht sich alles um Bekommen und Haben. Jeder will nur das Beste für sich: die richtigen Logos, die Markenware, mehr Gigabytes. Wir scheinen den Sinn für das verloren zu haben, was ausreichend und angemessen ist. Benedikt ermahnt uns, mit dem zufrieden zu sein, was wir haben. Wenn in einem Klassenzimmer Bücher ausgeteilt werden, willst du das Neueste oder bist du mit einem zufrieden, das schon sehr zerlesen ist? Zählt der Zustand des Buches überhaupt etwas, solange in beiden das Gleiche steht?

Wenn Sie als Lehrer zwischen zwei Klassenzimmern auswählen können, stimmen Sie für das mit dem neueren Overheadprojektor? Ist das nicht egal, solange beide gleich gut funktionieren? Man soll auch mit weniger als dem Besten zufrieden sein, sagt Benedikt.

Gebet

Vater,
hilf uns, dass wir mit dem zufrieden sind, was wir haben und was uns gegeben wird. Hilf uns, dass wir uns der Bedürfnisse der anderen bewusst sind und dass wir nicht immer das Beste für uns wollen. Hilf uns, großzügig zu sein: in dem was wir geben, aber auch in dem, was wir erhalten.
Amen.

Aus der Benediktsregel

»Gut war es für mich, dass du mich erniedrigt hast; so lerne ich deine Gebote.« (Ps 119, 71)

(Kapitel 7, Vers 54)

Betrachtung

Das ist zweifelsohne schwierig. Wir sollen nicht nur zugeben, dass wir unwürdig sind, sondern es auch glauben. Das sieht nach »zu Kreuze kriechen« aus. Aber es verschafft uns die Möglichkeit, in Demut zu wachsen.

Der heilige Benedikt sagt, dass es uns von einer falschen Sicht auf uns selbst und andere befreit, ja sogar vom Lügen, wenn wir zugeben, dass wir unwürdig sind. Es befreit uns dazu, andere, deren Schwachheit ebenso ans Licht gekommen ist, zu achten, zu ehren und ihnen freundlich zu begegnen.

Mit anderen Worten: Mache anderen das Leben nicht schwer, auch wenn sie es scheinbar verdienen. Wir sollten jede Gelegenheit nutzen, freundlich zu sein!

Gebet

Herr,
warum machen wir anderen das Leben manchmal so schwer?
Sehen wir in ihnen unsere eigenen Fehler?
Jesus, wir brauchen deine Großzügigkeit im Umgang mit anderen und uns selbst.
Amen.

Aus der Benediktsregel

Die achte Stufe der Demut: Der Mönch tut nur das, wozu ihn die gemeinsame Regel des Klosters und das Beispiel der Väter mahnen.
(Kapitel 7, Vers 55)

Betrachtung

Haltet die Regeln der Schule ein! Sie sind von klugen Menschen mit Bedacht formuliert worden. Wenn wir ihnen nicht Folge leisten, enden wir im Chaos. Wenn wir meinen, es besser zu wissen, und anfangen, alles zu verändern, verlieren wir die Möglichkeit, von anderen zu lernen. Es braucht viel Zeit, alle Geheimnisse des Lebens selbst zu entdecken. Schüler sollten dem Beispiel der Lehrer folgen und Lehrer sollen Vorbilder sein; denn Taten sprechen deutlicher als Worte. Unsere Schule, unsere Lebensgemeinschaft kann uns vieles lehren. Beobachtet und hört genau! Nehmen wir es an, dass wir in der Gemeinschaft voneinander lernen müssen.

Gebet

Gott,
manchmal ist es schwer, die Regeln zu befolgen. Bitte lass uns erkennen, wie viel wir über uns selbst und unser Leben lernen können, wenn wir dem Vorbild der Menschen folgen, die in Leitungspositionen stehen. Wir beten auch für unsere Lehrer, dass du ihnen die nötige Weisheit gibst, dass sie ihre Verantwortung gewissenhaft wahrnehmen und uns Führung geben.
Amen.

Zum Nachdenken

Nicht das Lesen oder Auswendiglernen der Regel verändert Gemeinschaften, sondern das Leben nach der Regel!

Das Bild von der Leiter

Kapitel 7 der Regel ist schwer umzusetzen. Benedikt verwendet das Bild einer Leiter, auf der wir die zwölf Stufen der Demut erklimmen können. An dieser Stelle füge ich eine Übung ein, die zum Verständnis dieses Bildes beitragen wird.

Aus der Benediktsregel

Mit diesen Worten zeigt sie uns also, dass jede Selbsterhöhung aus dem Stolz hervorgeht. Davor hütet sich der Prophet und sagt (Ps 131,1): »Herr, mein Herz ist nicht überheblich, und meine Augen schauen nicht hochmütig; ich ergehe mich nicht in Dingen, die für mich zu hoch und zu wunderbar sind.«

(Kapitel 7, Verse 2–3)

Betrachtung

Das bedeutet: Erkenne, wo dein Platz im Leben ist. Werde nicht größenwahnsinnig! Das kehrt unsere Werte völlig um. Aber wenn wir Gott gefallen wollen, werden wir unsere Werte tatsächlich ändern müssen. Wir werden größer, indem wir die spirituelle Leiter nach unten gehen. Ja, oben ist unten und unten ist oben.
Lest die Geschichte von Jakob und der Himmelsleiter (Gen 28,10–22), in der Engel zwischen Himmel und Erde auf- und absteigen. Die Engel kommen von Gott zu uns herunter, um uns aufzurichten.

Gebet

Gott, unser Vater,
es gibt so vieles,
was für uns schwer zu verstehen und anzunehmen ist.
Hilf uns, immer neu danach zu fragen,
was dir gefallen würde und gib uns die Kraft,
die Antwort auch dann anzunehmen,
wenn es uns schwer erscheint.
Amen.

Anregung

Zeichne ein Bild einer Leiter, schreibe »oben« an das untere Ende und »unten« an das obere Ende der Leiter. Schreibe auf der einen Seite alles auf, was uns aus dem Himmel herabsteigen lässt, und auf der anderen alles, was uns erhöht. So sind zum Beispiel gegenseitige Schikanen, Klatsch, Geiz, Hochnäsigkeit oder der Wunsch, gelobt zu werden, Dinge, die uns fern von Gott halten. Aus rein weltlicher Sicht bringen gerade diese Dinge uns auf der Karriereleiter nach oben.
Im Gegensatz dazu sind Demut, selbstlose Nächstenliebe, Anteilnahme an den Sorgen der Mitmenschen aber Handlungen, die uns zwar näher zu Gott bringen, aber offensichtlich nicht dazu verhelfen, in der Welt voranzukommen.
Dieses Prinzip bleibt uns am besten mit dem Symbol der Engel in Erinnerung, die uns auf der Leiter von unten nach oben bringen sollen. Wenn wir schon oben sind, gehen sie an uns vorbei, weil wir an der falschen Stelle auf das Abholen warten.

Aus der Benediktsregel

Die so errichtete Leiter ist unser irdisches Leben. Der Herr richtet sie zum Himmel auf, wenn unser Herz demütig geworden ist.

(Kapitel 7, Vers 8)

Betrachtung

Ein demütiger Mensch ist kein unterwürfiger Kriecher (wie zum Beispiel der Sekretär Wurm in Schillers Drama »Kabale und Liebe« oder Uriah Heep in Charles Dickens' Roman »David Copperfield«), sondern jemand, der nicht auf Lob aus ist. Wenn man dich lobt, nimm das Lob an, aber lechze nicht danach.

Wenn man unfair behandelt wird, machen Gegenbemerkungen oder Entschuldigungen die Sache noch schlimmer. Es wird diejenigen, die dich beschuldigen, dazu bringen, noch einmal über ihre Worte und Taten nachzudenken, wenn man die Situation annimmt und selbst unter Druck höflich bleibt. All das ist sehr schwer, aber es funktioniert. Die Regel des heiligen Benedikt hat noch nie versagt.

Gebet

Jesus,
ohne urteilen zu wollen, beten wir für jene, die Freude daran haben, andere durch verletzende Worte oder Taten zu erniedrigen. Schenke ihnen und uns die nötige Hilfe, so zu werden, wie du uns gerne sehen würdest.
Amen.

Aus der Benediktsregel

Ewiges Leben ist jenen bereitet, die Gott fürchten.

(Kapitel 7, Vers 11)

Betrachtung

Ich vermute, dass nur diejenigen, die an Gott glauben, sich dafür interessieren, was nach dem Tod auf sie wartet. Wenn wir Gott wirklich lieben, warum verbringen wir nicht mehr Zeit in diesem Leben mit ihm, statt uns Gedanken über das Leben im Jenseits zu machen?
Wann haben wir das letzte Mal eine besondere Zeit, eine gute Zeit allein mit Gott verbracht? Gott will, dass wir Zeit mit ihm verbringen. Warum sollten wir mit unserem Freund keine Zeit verbringen wollen?

Gebet

Gott,
du bist der Allmächtige. Jesus ist unser Bruder und der Heilige Geist gibt uns Kraft. Hilf uns, dir etwas Zeit zu geben, denn du gibst uns Zeit in Fülle.
Amen.

Aus der Benediktsregel

Die neunte Stufe der Demut: Der Mönch hält seine Zunge vom Reden zurück, verharrt in der Schweigsamkeit und redet nicht, bis er gefragt wird.

(Kapitel 7, Vers 56)

Betrachtung

Wenn wir großspurig sind, zeigt sich das normalerweise in unserer Wortwahl: Unsere Ideen werden zu Zielsetzungen, unser Wort ist das letzte Wort. Wenn wir uns mit anderen unterhalten, sind wir diejenigen, die das Gespräch beherrschen.
Benedikt hingegen sagt, dass der Weg zur Demut das Zuhören, das Lernen und die Offenheit anderen gegenüber ist. Die Demut befähigt uns, vom Weisen zu lernen. Versuchen wir, dies heute in der Schule zu beherzigen. Vielleicht werden wir überrascht sein, wie viel wir lernen. Und welch einen guten Tag hätten unsere Lehrer!

Gebet

Vater im Himmel,
manchmal denken wir, dass wir gehört werden, wenn wir nur immer weiter reden. Hilf uns, die Kunst des Zuhörens zu schätzen und besonders dir zuzuhören.
Amen.

Anregung

Setzt euch paarweise zusammen, die Gesichter einander zugewandt und sprecht beide zur gleichen Zeit. Hört nach einer Minute auf und überlegt, wie viel ihr gehört und vom anderen verstanden habt.

Aus der Benediktsregel

Die zehnte Stufe der Demut: Der Mönch ist nicht leicht und schnell zum Lachen bereit, steht doch geschrieben (Sir 21,23): »Der Tor bricht in schallendes Gelächter aus.«

(Kapitel 7, Vers 59)

Betrachtung

So ist das also: Benedikt war ein Langweiler, konnte nicht lachen und hat stets Trübsal geblasen! Oder doch nicht?
Ich denke, dass Benedikt uns mahnt, *mit* einem Menschen lachen, nicht *über* ihn. Sexistische und rassistische Scherze sind nicht witzig, abfällige Bemerkungen über Menschen mit körperlichen oder geistigen Behinderungen sind nicht witzig. Sarkasmus und schneidende Bemerkungen über die Schwächen anderer sind nicht witzig. Sie sagen mehr über den aus, der das alles sagt, als über die Objekte des angeblichen Scherzes.
Schwester Joan Chittister hat zu diesem Thema etwas Schönes gesagt: »Wer bescheiden und demütig ist, nutzt Sprache nie dazu, eine andere Person im Staub zu zermalmen. Wer bescheiden und demütig ist, entwickelt ein Gewissen, angesichts dessen sich jedermann sicher fühlen darf. Wer bescheiden und demütig ist, behandelt die Gegenwart anderer mit sanften Händen, samtenem Herzen und einer ehrlichen Gesinnung.«
Kurz gesagt: Mach dich niemals über jemanden lustig.

Gebet

Herr,
wir danken dir für das Geschenk des Lachens. Lass es uns nutzen, um andere Menschen zu erheitern und ihnen Freude zu schenken. Hilf uns, dass wir der Versuchung widerstehen, über die Fehler und Missgeschicke anderer zu lachen. Schenke uns die Bescheidenheit zu sehen, dass andere oft das auszeichnet, was uns selbst fehlt.
Amen.

Aus der Benediktsregel

Die elfte Stufe der Demut: ... Den Weisen erkennt man an den wenigen Worten.

(Kapitel 7, Vers 61)

Betrachtung

Benedikt mahnt uns, dass wir mit den Lebewesen um uns herum sorgsam umgehen. Wenn wir unseren eigenen Platz kennen, können wir auch den der anderen schätzen. Wenn wir Gott Gott sein lassen, können wir aufhören, selbst wie Gott sein zu wollen. Auf einen Punkt gebracht: sprich freundlich, sprich wohlwollend.

Gebet

Vater,
du bist unser Gott und wir sind deine Kinder.
Hilf uns, alle Menschen um uns herum mit Respekt zu behandeln, denn wir sind Brüder und Schwestern und in deinen Augen alle gleich.
Amen.

Aus der Benediktsregel

Die zwölfte Stufe der Demut: Der Mönch sei nicht nur im Herzen demütig, sondern seine ganze Körperhaltung werde zum ständigen Ausdruck seiner Demut für alle, die ihn sehen ..., wo er auch sitzt, geht oder steht ...

(Kapitel 7, Verse 62-63)

Betrachtung

So viel auch in diesem gesamten Kapitel von uns verlangt wird – nirgends heißt es, dass wir perfekt sein müssen. Wir werden aber ermahnt, ehrlich zu sein, denn so können wir Gott kennen lernen.
Wenn wir andere respektieren und wenn wir Gott in uns wirken lassen, können wir die Menschen werden, die wir nach Gottes Willen werden sollen. Dann werden wir auch zurückfinden zur Demut.
Unsere Gemeinschaft und wir selbst werden davon profitieren. Demut ist eine verlorene Tugend, die in unserer Welt bitter nötig wäre. Folge diesem schweren Kapitel und auch du wirst deinen Anteil zu einer besseren Welt beitragen.

Gebet

Vater,
du hast uns deinen heiligen Geist gegeben. Mit dieser Hilfe können wir die Weisheit erlangen, die wir brauchen, um in der Liebe zu wachsen. Lass uns so die Menschen werden, die wir nach deinem Willen sein sollen.
Amen.

Zum Nachdenken

Das englische Wort für »Demut« lautet »humility«. Dieser Begriff hat die gleiche sprachliche Wurzel wie das Wort »Humus«. Humus ist altes organisches Material, bestehend aus welkem Laub, dürren Zweigen und so weiter, das verfallen und zu einer nährstoffreichen Substanz geworden ist, die ein gutes Wachstum im Garten gewährleistet. Wenn Humus benutzt wird, um schlechten Erdboden zu verbessern, könnte das Wachstum im Garten spektakulär sein!

Kapitel 8–18: Details zu den Gottesdiensten und deren Inhalte

Diese Kapitel geben genaue Auskunft über das gemeinschaftliche Gebetsleben eines Klosters, genauer gesagt darüber, welche Psalmen wann gesungen werden müssen und so weiter. Obwohl die Ausführung dieses Kapitels hier kurz ist, kann es für Schulen, an denen regelmäßig gemeinsame Gottesdienste gefeiert werden, hilfreich sein, von Zeit zu Zeit auf die diesbezüglichen Vorschläge des heiligen Benedikt zurückzugreifen.

Aus der Benediktsregel

Es gelte, was der Prophet sagt (Ps 119,164): »Siebenmal am Tag singe ich dein Lob.«

(Kapitel 16, Vers 1)

Betrachtung

Heute kann uns die Schulglocke eine Ahnung vermitteln von den vielen Stunden und der Disziplin, die zur Zeit des heiligen Benedikt täglich dem Gebet und dem Lobpreis Gottes gewidmet wurden. Auch heute noch beten Klöster und Konvente so, wie es Benedikt damals vorschrieb. Stell dir einmal vor, dass wir jedes Mal in die Kapelle zum Beten gehen müssten, wenn die Schulglocke klingelt.
Wie lange würden wir das durchhalten?
Dieser gewohnte Ablauf wurde mehr oder weniger unverändert übernommen und ist heute noch Herzstück des benediktinischen Lebens. Überall in der Welt gliedern die so genannten täglich anfallenden »Ämter« das Leben derer, die berufen sind, in die Fußstapfen des heiligen Benedikt zu treten und so Gott zu dienen.
Auch wenn wir nicht zum klösterlichen Leben berufen sind, ist uns doch bewusst, dass ein kurzes Morgen- oder Abendgebet, oder ein schnelles Gebet »zwischendurch« aus uns keine spirituellen Riesen macht, genauso wenig wie aus einem kurzem »Hallo« oder »Tschüss« eine tiefe Freundschaft entsteht. Diese detaillierten Kapitel über das Gebet, den Lobpreis und den Gottesdienst und seine Organisation zeigen uns, wie wichtig die Zeit ist, die wir mit unserem Schöpfer verbringen.
Könnten wir uns vorstellen, siebenmal am Tag zu beten? Wir hätten die Forderungen des Psalmisten ja fast erfüllt, wenn wir am Anfang und Ende jeder Stunde, beim Mittagessen und kurz vor dem Heimweg beten würden. Wären unsere Tage besser oder schlechter, wenn wir Gott diese Augenblicke widmen würden?
Das Gebet, das dem heiligen Benedikt zugeschrieben wird, ist genau das, was wir zu Beginn all unseres Tuns so nötig haben.

Gebet

Wir bitten dich, Herr,
möge all unser Tun von deinem Geist inspiriert sein,
dass all unser Beten und Arbeiten in dir seinen Anfang nehme und durch dich zur Vollendung geführt werde.
Amen.

(Stille für ein persönliches Gebet)

Lob sei dir, Gott.
Dank sei dir, Gott.

Kapitel 19: Die Haltung beim Gottesdienst

Nach einigen Kapiteln über den Gottesdienst, die Zeiten und Ordnung der Psalmen fasst Benedikt alles in diesem Kapitel zusammen.

Aus der Benediktsregel

... und stehen wir so beim Psalmensingen, dass Herz und Stimme im Einklang sind.

(Kapitel 19, Vers 7)

Betrachtung

Die Psalmen gehören vielleicht zu den am meisten unterschätzten Texten der Bibel. In der Messe werden sie als »Antwortgesang« gesungen. Dabei sind sie die einfühlsamsten Lobeslieder. Sie sprechen auf wunderbare Weise zu jedem Einzelnen, wenn sie in der Gemeinschaft gesungen werden. Zur Zeit Benedikts beteten die Mönche alle Psalmen. Sie wurden sowohl bei der täglichen Arbeit als auch im Chorgebet aufgesagt und gesungen. Heute betet man nicht mehr alle Psalmen. Diejenigen, die Gewalt zum Ausdruck bringen, werden weggelassen. Etwa einhundertdreißig werden in einem Zyklus von vier bis fünf Wochen gesungen. In den Psalmen spüren wir, dass Gott zu seinem Volk spricht. Sowohl in Zeiten der Freude als auch in Zeiten des Leids finden die Psalmen genau die richtigen Worte.

Gebete zum Stundenanfang

Herr,
dir widme ich alle Arbeit und jede Handlung dieser Stunde. Führe mich, leite mich, kontrolliere mich und hilf mir, dass ich am Ende der Stunde erfreut sagen kann, dass ich dir gefallen habe.
Amen.

Herr,
hilf, dass wir uns während dieses Tages mit all unseren Problemen und Schwierigkeiten an dich wenden. Wir versuchen, unser Leben dir zu weihen. Doch wir stoßen immer wieder auf Schwierigkeiten. Deshalb bitten wir dich um Hilfe und Vergebung.
Amen.

Aus der Benediktsregel

Überall ist Gott gegenwärtig, so glauben wir, und die Augen des Herrn schauen an jedem Ort auf Gute und Böse (Spr 15,3). Das wollen wir ohne jeden Zweifel ganz besonders dann glauben, wenn wir Gottesdienst feiern.

(Kapitel 19, Verse 1–2)

Betrachtung

Unser Werk für Gott ist Gebet und Gottesdienst. Wie oft wandern unsere Gedanken während des Gebets? Wir beugen unsere Köpfe, schließen unsere Augen und falten unsere Hände. Diese Dinge sollen uns helfen, uns zu konzentrieren.

Wenn wir die Worte »Lasst uns beten!« hören, versuchen wir, uns dann zu konzentrieren, um mit Gott zu kommunizieren? Wir werden nicht gerne gestört, wenn wir mit Freunden telefonieren; sind wir genauso erpicht darauf, uns zu konzentrieren, wenn wir mit Gott sprechen? Hören wir Gott mit der gleichen Aufmerksamkeit zu wie unseren Freunden?

Wenn wir uns die Zeit zum Gebet nehmen, können wir in unseren eigenen Worten sprechen oder überlieferte Gebete verwenden. Letzteres kann uns vor allem dann helfen, wenn uns selbst die Worte fehlen!

Gebet

Herr,
du bist immer in unserer Nähe. Hilf uns, dir unsere volle Aufmerksamkeit zu widmen.
Amen.

Anregung

Lies oder bete Psalm 139. Versuche, verschiedene Übersetzungen zu finden, und überlege, welche dich am besten anspricht. In der Einheitsübersetzung findest du über jedem Psalm eine beschreibende Überschrift. So kannst du einen geeigneten Psalm für jede Gelegenheit finden. Denke daran, dass benediktinische Spiritualität nicht bedeutet, dass man möglichst lange beten oder besonders viele Psalmen auswendig aufsagen kann.

Benediktinische Spiritualität heißt vielmehr, dass jeder Moment unseres Lebens Gebet sein kann und dass wir in den Psalmen Gott finden können.

Aus der Benediktsregel

Beachten wir also, wie wir vor dem Angesicht Gottes und seiner Engel sein müssen, und stehen wir so beim Psalmensingen, dass Herz und Stimme in Einklang sind.

(Kapitel 19, Verse 6–7)

Betrachtung

Schauen wir einmal, wie wir uns beim Gebet, beim Gottesdienst und in der Kapelle verhalten. Diese Situationen müssen ernsthaft bedacht werden. Es geht nicht nur darum, dass wir selbst manchmal abgelenkt sind. Es kann auch geschehen, dass wir andere aktiv ablenken. Können wir etwas zur Verbesserung unseres Verhaltens tun, um uns der Gegenwart Gottes stärker bewusst zu werden?
Denken wir darüber nach, was wir sagen? Ist unser »Amen« wirklich eine zustimmende Antwort auf das, was gesagt wurde? Sind unsere Gebete nur Lippenbekenntnisse oder nehmen wir wirklich Anteil an diesem Gespräch mit Gott?
Erinnern wir uns stets daran, dass das Gebet eine sich entwickelnde Beziehung zwischen Gott und uns ist und keine Formel »hohler Wiederholung«.

Gebet

Gott, unser Schöpfer,
wir leben immer in deiner Gegenwart. Wir bitten um die Gnade, dass wir dir unsere ganze Aufmerksamkeit schenken, vor allem dann, wenn wir zu dir beten. Hilf uns, nicht nur um etwas zu bitten, sondern auch auf das zu hören, was du uns sagen willst.
Amen.

Kapitel 20: Die Ehrfurcht beim Gebet

Der Aspekt der Ehrfurcht liegt dem heiligen Benedikt als Abrundung zum Thema »Gebet« besonders am Herzen.

Aus der Benediktsregel

Wir wollen wissen, dass wir nicht erhört werden, wenn wir viele Worte machen, sondern wenn wir in Lauterkeit des Herzens und mit Tränen der Reue beten. Deshalb sei das Gebet kurz und lauter; nur wenn die göttliche Gnade uns erfasst und bewegt, soll es länger dauern.

(Kapitel 20, Verse 3-4)

Betrachtung

Wie im siebten Kapitel seiner Regel, als er über die Demut spricht, weist Benedikt auch hier darauf hin, dass wir im Gebet präzise auf den Punkt kommen sollen. Wir werden nicht wegen unserer vielen Worte erhört. Schließlich weiß Gott um all unsere Sorgen, noch bevor wir ihn bitten. Es braucht keine langen Erklärungen, Gott versteht uns perfekt!

Benedikt gibt uns keine Methode, kein Muster dafür, wie wir beten sollen. Aber er gibt uns Richtlinien. Alles andere muss zwischen Gott und uns selbst geschehen. Wir brauchen nicht viel Zeit für das Gebet, aber ein wenig Zeit sollten wir uns schon nehmen. Vor allem sollte die Zeit, die wir Gott schenken, eine gut genutzte Zeit sein, in der wir so konzentriert sind, dass Körper und Geist miteinander im Einklang stehen.

Gebet

Gott, unser Schöpfer,
du gibst jedem von uns so viel. Wie wenig können wir dir zurückgeben, außer vielleicht, dass wir etwas Zeit für dich haben. Hilf uns, dir Konzentration und Zeit der Sammlung zu schenken.
Amen.

Kapitel 21: Die Dekane des Klosters

Vielleicht ist dieses Kapitel nicht für die ganze Schule relevant, aber sicherlich für ihre verantwortlichen Leiter. Wer mit Weisheit und Demut den Rat des Meisters der Gemeinschaft sucht, kann in jeder Übersetzung der Regel Genaueres finden.

Aus der Benediktsregel

Wenn die Gemeinschaft größer ist, sollen aus ihrer Mitte Brüder von gutem Ruf und vorbildlicher Lebensführung ausgewählt und zu Dekanen bestellt werden. Sie tragen in allem Sorge für ihre Dekanien nach den Geboten Gottes und den Weisungen ihres Abtes. Als Dekane sollen nur solche ausgewählt werden, mit denen der Abt seine Last unbesorgt teilen kann.

(Kapitel 21, Verse 1–3)

Betrachtung

Der Leiter einer Schule ist für unzählige Dinge verantwortlich. Dieses Kapitel zeigt die praktische Organisation nach dem Rat Benedikts. Diese setzt voraus, dass derjenige, der die Leitungsfunktion innehat, über die Weisheit und das Vertrauen verfügt, seine Verantwortung zu teilen. Eine solche Teilung der Verantwortung beugt auch der Versuchung vor, nach absoluter Macht zu streben. Benediktinische Spiritualität nutzt Autorität zum Aufbau einer Gemeinschaft und nicht zu deren Zerstörung.

Gebete

Gott, unser Schöpfer,
lass uns erkennen, dass letztlich du es bist, der diese Gemeinschaft leitet. Schenke uns, deinen Dienern, die Weisheit, diese deine Gemeinschaft nach deinem Willen zu leiten.
Amen.

Wir danken dir, allmächtiger Gott, für unsere Gemeinschaft. Mögen wir Verantwortlichen unsere Talente zu deinem Lobpreis einsetzen und unser Leben in deinen Dienst stellen, ohne auf uns selbst und unsere Macht zu schauen.
Amen.

Kapitel 23: Das Vorgehen bei Verfehlungen

Das hier ausgelassene Kapitel 22 handelt von der Nachtruhe der Mönche.

Auch wenn Benedikt eine ausgesprochen großzügige Klosterregel geschrieben hat, widmet er dennoch einen großen Abschnitt dem Thema der Bestrafung. Seine Methoden mögen zwar heute nicht mehr akzeptabel sein, aber seine Ideen über das, was bestraft werden soll, sind gut. Letztlich müssen nämlich diejenigen, die keine Korrektur annehmen und die Gemeinschaft dauernd schädigen, das Kloster verlassen.

Aus der Benediktsregel

Es kommt vor, dass ein Bruder trotzig oder ungehorsam oder hochmütig ist oder dass er murrt und in einer Sache gegen die Heilige Regel und die Weisungen seiner Vorgesetzten handelt. Wenn er sich so als Verächter erweist, werde er nach der Weisung unseres Herrn einmal und ein zweites Mal im Geheimen von seinen Vorgesetzten ermahnt. Wenn er sich nicht bessert, werde er öffentlich vor allen zurechtgewiesen.

(Kapitel 23, Verse 1–2)

Betrachtung

Wenn jemand die Regeln einer Schulgemeinschaft bricht, muss das Konsequenzen haben. Jeder Regelverstoß, zum Beispiel im Unterricht dazwischenzureden, und erst recht die schwereren Vergehen wie Diebstahl, Grobheit und gewaltsame Auseinandersetzung ziehen Bestrafung nach sich. Den Fehler einzugestehen und ihn wieder gutzumachen, ist Teil eines Prozesses, der uns wieder heil werden und wachsen lässt. Leugnung – »Das war ich ich nicht, ich hab das nicht gemacht!« – bietet keine Lösung und schon gar keine Möglichkeit zu reifen. Aber wer sagt »Ich war's. Ich weiß, dass es falsch war«, der zeigt die Einstellung, die notwendig ist, um zu heilen und Fortschritte zu erzielen. Nichts von all dem ist leicht, dennoch ist es ein Schritt auf dem richtigen Weg!

Gebet

Jesus,
wir wissen, dass es Zeiten gibt, in denen wir vom rechten Weg abkommen. Hilf uns, den Folgen unserer Taten ins Auge zu schauen. Lass uns heil werden und reifen, wenn wir uns der Korrektur stellen.
Amen.

Aus der Benediktsregel

... werde er nach der Weisung unseres Herrn einmal und ein zweites Mal im Geheimen von seinen Vorgesetzten ermahnt.

(Kapitel 23, Vers 2)

Betrachtung

Benedikt lässt uns eine Chance, bevor wir einer harten Bestrafung gewärtig sein müssen. Wir erhalten die Chance, uns zu bessern. Das heißt nicht, dass wir noch einmal davonkommen und unser Fehlverhalten ungestraft fortsetzen können. Unsere Chance liegt darin, dass wir etwas wieder gutmachen können.

Wir wissen doch bereits, was richtig ist und wie wir uns verhalten sollten. Wenn unser Handeln dem nicht entspricht, so brauchen wir offensichtlich Hilfe. Deshalb werden wir im Geheimen gewarnt. Benedikt ist sehr einfühlsam. Darum gibt er uns eine zweite oder gar dritte Chance. Aber es gibt Grenzen dessen, was eine Gemeinschaft verkraften kann. Wenn diese Grenzen überschritten sind, ist die Bestrafung unausweichlich.

Gebet

Herr, unser Gott,
wenn wir schuldig geworden sind, so lass uns erkennen, wie wir unser Verhalten zum Positiven verändern können. Lass uns die Möglichkeiten, die in der tätigen Reue liegen, als Geschenke annehmen, die uns reifen und zu Menschen nach deinem Willen werden lassen.
Amen.

Aus der Benediktsregel

Wenn er sich nicht bessert, werde er öffentlich vor allen zurechtgewiesen.

(Kapitel 23, Vers 3)

Betrachtung

Wenn die leise Ermahnung »Tu das nicht!« überhört wird, muss der Appell stärker werden: »Steh auf ...«
Manchmal ist es gut, wenn wir vor der ganzen Klasse, der ganzen Jahrgangsstufe oder gar der ganzen Schule gerügt werden! Die Gemeinschaft soll zum Zeugen einer Bestrafung werden, wenn die Regeln der Gemeinschaft gebrochen wurden. Erinnern wir uns daran, dass wir es selbst in der Hand haben: Wenn wir die erste Ermahnung bereits ernst nehmen und die Regeln gar nicht erst brechen, dann vermeiden wir, dass wir bestraft werden.

Gebet

Herr Jesus,
manchmal sind wir so schwach, dass wir zu weit gehen.
Wir halten nicht inne und denken nicht nach, welche Auswirkung unser Handeln auf die ganze Gemeinschaft haben kann.
Hilf uns,
dass wir bei allem, was wir tun, dich um Hilfe und Leitung bitten.
Amen.

Aus der Benediktsregel

Wenn er sich aber auch so nicht bessert, treffe ihn die Ausschließung, falls er einsehen kann, was diese Strafe bedeutet.

(Kapitel 23, Vers 4)

Betrachtung

Ja, Benedikt verwies sogar Mönche des Klosters! Die Gemeinschaft muss geschützt werden. Wenn wir von unserem Fehlverhalten nicht ablassen, nachdem wir alle Warnungen, Androhungen und so weiter gehört haben, sind wir vielleicht schon unterwegs zur großen Strafe. Bei einem Ausschluss vom Unterricht oder gar einem Schulverweis wird sehr deutlich, warum man »rausgeflogen« ist. Wenn wir uns ändern wollen, ist es absolut notwendig, dass wir unsere Fehler und Verfehlungen einsehen, dass wir erkennen, was wir ändern müssen. Wenn wir uns ändern, dann können wir wieder aufgenommen werden. Uns kann verziehen und wir können in der Gemeinschaft wieder willkommen geheißen werden.

Gebet

Herr,
lass uns erkennen, dass wir durch unser Fehlverhalten nicht nur uns selbst, sondern auch unserer Gemeinschaft Schaden zufügen. Hilf uns, Ermahnungen ernst zu nehmen und uns zu bessern, damit wir nicht aus der Gemeinschaft ausgeschlossen werden.
Amen.

Kapitel 25–27: Schwere Verfehlungen

Diese Kapitel wollen Mittel zur Heilung und Reifung aufzeigen, sie beinhalten nichts Hartes oder gar Sadistisches. Strafe bedeutet immer zu heilen, nicht zu zerstören.
Diese Kapitel sind für diejenigen gedacht, die dafür verantwortlich sind, dass solche Heilung geschieht.
Wir wissen, dass zügellose und undisziplinierte Menschen genauso die Gemeinschaft Benedikts suchten wie heilige und schwer arbeitende. So gesehen, kann man die Zusammensetzung eines klösterlichen Konvents mit der in einer Klasse vergleichen.
Vielleicht haben wir derartige Methoden und Vorschläge bisher noch nie in Betracht gezogen. Lesen wir sie trotzdem mit wohlwollender Aufmerksamkeit und der Bereitschaft, eine bewährte Methode aus dem sechsten Jahrhundert auszuprobieren.

Aus der Benediktsregel

Der Bruder, auf dem eine schwere Schuld lastet, werde vom Tisch und vom Oratorium ausgeschlossen.

(Kapitel 25, Vers 1)

Betrachtung

Wie schwer ist schwer? Eine schwere Schuld schadet der Gemeinschaft und dem Einzelnen und stellt den Übeltäter außerhalb der Gemeinschaftsregel. Der einzige Grund, einen Schüler aus dem Unterricht auszuschließen, besteht darin, ihm Raum zum Nachdenken darüber zu geben, wie er wieder in die Gemeinschaft zurückfinden kann.

Das kann weitaus wirksamer sein, als zu schreien, Rachegefühle zu entwickeln und so möglicherweise eine Rechtfertigung für weitere Auseinandersetzungen zu liefern, wie es sonst infolge einer harten und gedankenlosen Bestrafung leicht geschehen könnte.

Gebet

Vater,
es ist oft eine erniedrigende und sehr einsame Erfahrung, wenn man ausgeschlossen und von seinen Freunden getrennt wird. Wir bitten dich, dass wir in dieser Einsamkeit einen Weg aus unserem gegen die Gemeinschaft gerichteten Verhalten finden. Lass uns jede Gelegenheit nutzen, damit wir reifen, wachsen und uns bessern.
Amen.

Aus der Benediktsregel

Wenn ein Bruder sich herausnimmt, ohne Erlaubnis des Abtes mit dem ausgeschlossenen Bruder irgendwie in Verbindung zu treten, mit ihm zu sprechen oder ihm einen Auftrag zu übermitteln, treffe ihn die gleiche Strafe der Ausschließung.

(Kapitel 26, Verse 1-2)

Betrachtung

Was haben wir oben gesagt? Die Regel des heiligen Benedikt sei großzügig? Auf den ersten Blick erscheint sie uns hier eher gehässig! – Doch halt! Im vorhergehenden Abschnitt wurde ausgeführt, dass der Sinn des Ausschlusses darin liegt, dem Übeltäter genügend Zeit zu geben, damit er heil werden kann.

Wenn dieser Heilwerdungsprozess durch jemanden unterbrochen wird, der sich einmischt, sodass Heilung und Nachdenken noch schwerer werden, dann braucht auch derjenige, der sich einmischt, Zeit, um in der Isolation über sein Verhalten nachzudenken.

Gebet

Herr Jesus,
hilf uns, nicht in das heilende Werk einer Bestrafung einzugreifen, sondern den Bestraften zu helfen, indem wir ihnen Raum und Zeit zum Nachdenken geben.
Amen.

Aus der Benediktsregel

Mit größter Sorge muss der Abt sich um die Brüder kümmern, die sich verfehlen, denn nicht die Gesunden brauchen den Arzt, sondern die Kranken.

(Kapitel 27, Vers 1)

Betrachtung

Der Abt ist derjenige, der die Strafe ausgesprochen hat. Jemanden wegzuschicken und ihn zu isolieren, um ein Problem loszuwerden, wäre nicht Ausdruck äußerster Sorge. Laut Benedikt liegt die Absicht des Korrigierens nie darin, jemanden niederzumachen. Der Strafende sollte echtes Interesse für den Reifungsprozess zeigen und den Betreffenden ermutigen, seine Stellung innerhalb der Gemeinschaft wiederzuerlangen.

Sinn der Bestrafung ist es, die betroffene Person in die Lage zu versetzen, das eigene Leben in den Blick zu nehmen und einen Neuanfang zu machen. Benedikt sagt ziemlich deutlich, dass diejenigen, die die Strafe festsetzen, als Ärzte und Schäfer anzusehen sind, die die Schwachen pflegen und die Verlorenen suchen. Sie sind keine Feldwebel.

Gebet

Herr,
Autorität bringt die Pflicht der Bestrafung mit sich. Wir bitten um Weisheit, wenn wir bestrafen müssen. Lass uns immer bestrebt sein, zu helfen, zu umsorgen, aufzubauen und zu heilen. Wir bitten darum, dass unser Handeln Menschen hervorbringt, die Teil einer christlich orientierten Gemeinschaft sind.
Amen.

Kapitel 28–30: Mehr über Besserung

Benedikt widmet der Bestrafung viel Raum in seiner Regel. Das zeigt, wie sehr er sich für die Besserung und Heilung der Schuldiggewordenen stark macht. Die rechte Art der Korrektur, die stets auch das Reifen eines Menschen im Blick hat, ist für das Leben einer Gemeinschaft äußerst wichtig.

Aus der Benediktsregel

Wenn er sich aber auch so nicht bessert oder wenn er gar, was ferne sei, stolz und überheblich sein Verhalten verteidigen will, dann handle der Abt wie ein weiser Arzt.

(Kapitel 28, Vers 2)

Betrachtung

Benedikt hat erkannt, dass der Hochmut Menschen dazu verleiten kann, eine schlechte Tat zu rechtfertigen.
»Das war ich nicht!« oder »Ich weiß, dass ich etwas falsch gemacht habe, aber das ist mir egal!« – so und ähnlich können solche Rechtfertigungsversuche lauten. Eine derartige Einstellung hilft niemandem. Sie schadet sowohl demjenigen, der einen Fehler gemacht hat, als auch der Gemeinschaft, für die jeder von uns Verantwortung trägt.
Nach Benedikt erfordern ernsthafte Vergehen, die auch schweren Schaden anrichten, eine entsprechende Bestrafung. Wenn aus Schlechtem nicht Gutes entsteht, kann die ganze Gemeinschaft angesteckt werden.

Gebet

Gott,
wir beten für die, die ihre Fehler nicht erkennen können. Gib, dass sie sich dir zuwenden und Vergebung, Unterstützung und Verständnis in der Gemeinschaft finden.
Amen.

Aus der Benediktsregel

Es kann sein, dass ein Bruder eigenmächtig das Kloster verlässt und später zurückkehren will. In diesem Fall verspreche er zuerst gründliche Besserung von dem Fehlverhalten, das zum Austritt geführt hat.
(Kapitel 29, Vers 1)

Betrachtung

Hier berücksichtigt Benedikt die Unentschlossenheit und Unsicherheit, die mit dem Austritt und der Rückkehr in eine Gemeinschaft verbunden ist. Er versucht, diese positiv aufzufassen, in der Hoffnung, dass am Ende vielleicht der rechte Weg erkannt wird.
Wir müssen lernen, dass für das Kommen und Gehen ein Preis zu zahlen ist. Jeder andere in der Gemeinschaft wird sich weiterentwickelt haben. Darum muss derjenige, der in die Gemeinschaft zurückkehrt, sich anstrengen, um aufzuholen. Diejenigen, die der Gemeinschaft treu geblieben sind, sollen den Heimkehrer begrüßen und bedenken, dass eine Überreaktion beim kleinsten Fehler keine Hilfe ist. Kommentare wie »Du wirst dich nie ändern, du wirst es nie lernen!« sind zu vermeiden.
Erinnern wir uns an Jesu Lehre, einander siebenmal siebzigmal zu vergeben.

Gebet

Herr,
wenn wir die Chance eines Neubeginns erhalten, so hilf uns, das Beste aus dieser Möglichkeit zu machen.
Amen.

Aus der Benediktsregel

Nach Alter und Einsicht muss es unterschiedliche Maßstäbe geben. Daher gelte: Knaben und Jugendliche oder andere, die nicht recht einsehen können, was die Ausschließung als Strafe bedeutet ...
(Kapitel 30, Verse 1–2)

Betrachtung

Kinder erkennen oft die ernste Bedeutung des Ausgeschlossenseins nicht. Diese muss ihnen daher deutlich gemacht werden, denn sonst wird die Wirkung der Strafe verpuffen und es wird keine Besserung eintreten.
Es wäre für jeden Lehrer lohnenswert, die Kapitel über die Bestrafung in der Regel des heiligen Benedikt zu lesen. Die Methoden und Ideen können der Auslöser dafür sein, das Thema »Bestrafung« unter einem völlig anderen Blickwinkel zu betrachten. So kann man zum Beispiel zu der Überzeugung gelangen, dass die Bestrafung in Verbindung mit der Demut zu sehen ist. Wird die Strafe demütig ertragen und angenommen, so kann das zu einem inneren Wachstum führen.

Gebet

Jesus,
hilf uns, das Ziel zu erkennen, das mit der Bestrafung verbunden ist. Lass uns Verantwortung für unser Fehlverhalten übernehmen und aus den Folgen lernen.
Amen.

Zum Nachdenken

Der folgende Vorfall hat sich an einer Schule zugetragen, an der ich als Schulseelsorgerin tätig war. Die Angelus-Glocke vor der Kapelle wurde normalerweise respektiert, wenn sie aber doch einmal aus purem Übermut geläutet wurde, so hatte der Übeltäter sie als Strafe zu reinigen und zu polieren.

Eines Tages, sah ich, wie ein Junge aus Übermut am Glockenseil zog und schnell fortrennen wollte. Ich hielt ihn auf und befahl ihm, die Glocke zu reinigen. Er gehorchte und widmete sich der ihm aufgetragenen Pflicht mit überraschendem Eifer. Als er mit der Arbeit fertig war, lobte ich ihn dafür, wie schön glänzend er die Glocke geputzt hatte. Er bedankte sich für das Kompliment. Darauf fragte ich ihn, ob ihm klar sei, dass er sich genau genommen soeben bei mir für eine Strafe bedankt habe. Da lächelte er und sagte: »Oh, stimmt ja!«

Er wusste, dass er eine Verfehlung begangen hatte, und war froh und zufrieden, dass er nun tätige Reue gezeigt hatte.

Danke, heiliger Benedikt, danke von uns beiden!

Kapitel 31: Der Cellerar des Klosters

Das Wort »Cellerar« kommt vom lateinischen Wort für Vorratskammer. Der Cellerar ist also die Person, die für alle Gerätschaften und Vorräte (und Finanzen) im Kloster verantwortlich ist.

Aus der Benediktsregel

Als Cellerar des Klosters werde aus der Gemeinschaft ein Bruder ausgewählt, der weise ist, reifen Charakters und nüchtern. Er sei nicht maßlos im Essen, nicht überheblich, nicht stürmisch, nicht verletzend, nicht umständlich und nicht verschwenderisch.

(Kapitel 31, Vers 1)

Betrachtung

Nachdem sich Benedikt in seiner Regel bisher darauf konzentriert hatte, wie wir mit anderen Menschen umgehen sollten, wendet er sich jetzt dem Umgang mit materiellen Dingen zu. Für eine Schule ist dieses Thema durchaus von Bedeutung. Manchmal behandeln wir die Dinge um uns herum, die wir zwar benutzen, die uns aber nicht selbst gehören, mit sehr wenig Respekt. Das ist nicht nur verschwenderisch, teuer und selbstsüchtig, sondern spiegelt oft die Art unseres Umgangs mit anderen wider.

Die Arbeit mit diesem Kapitel ermöglicht es uns, unsere Aufmerksamkeit auf den Umgang mit den Dingen zu lenken, die uns zur Verfügung stehen, uns ihren Wert klar zu machen, und auf die Notwendigkeit, sie auch für andere zu erhalten.

Gebet

Vater,
wir danken dir für alles, was uns gegeben wurde.
Hilf uns, Geschenke mit Respekt zu behandeln,
so als wären sie Geschenke von dir.
Amen.

Aus der Benediktsregel

Ohne die Weisung des Abtes tue er nichts; an seine Aufträge halte er sich.

(Kapitel 31, Verse 4–5)

Betrachtung

Benedikt stellt einmal mehr heraus, dass mit jeder Position auch Verantwortung verbunden ist. Jeder von uns muss sich einer höheren Autorität gegenüber verantworten. Machtmissbrauch muss vorgebeugt werden. Der Schlüssel dazu liegt im gemäßigten und fairen Handeln gegenüber den anderen.
Behalten wir das Beste für uns, wenn uns Dinge zum Austeilen gebracht werden? Geben wir unseren Freunden einen größeren Teil? Habt ihr solche Erfahrungen im Klassenzimmer, im Speisesaal oder auf dem Sportplatz gemacht?

Gebet

Herr,
hilf uns, bei all unserem Tun gerecht zu sein.
Hilf uns, in jeder Situation verantwortungsvoll zu handeln.
Amen.

Anregung

Sprecht über eure Erfahrungen und beantwortet diese Fragen in kleinen Gruppen:
Habt ihr etwas von den oben genannten unfairen Dingen gemacht? Habt ihr andere so handeln sehen? Ist es leichter, unfaires Verhalten bei anderen zu sehen als bei uns selbst? Denkt daran, was ihr zum Thema Demut erarbeitet habt!

Aus der Benediktsregel

In größeren Gemeinschaften gebe man ihm Helfer. Mit ihrer Unterstützung kann er das ihm anvertraute Amt mit innerer Ruhe verwalten ..., denn niemand soll verwirrt und traurig werden im Hause Gottes.

(Kapitel 31, Verse 17 und 19)

Betrachtung

Hilfe anzunehmen ist manchmal demütigend. Wir schmeicheln uns gerne, dass wir mit allem fertig werden, womit wir konfrontiert werden. Wenn wir aber akzeptieren, dass wir Hilfe brauchen, können wir eine Aufgabe ohne Stress oder Angst bewältigen, und zwar zum Wohl aller.
Zur Erinnerung: Die Mönche des heiligen Benedikt waren eine bunt zusammengewürfelte Menge verschiedenster Menschen und es war seine Regel, die sie zu einer blühenden, geistlichen Gemeinschaft formte. Ein wichtiger Faktor beim Aufbau einer Gemeinschaft besteht darin, dass wir uns ruhig und stressfrei an unsere Aufgaben gewöhnen und an ihnen wachsen können.

Gebet

Gott,
hilf uns, die angebotene Hilfe anzunehmen, besonders, wenn sie uns Bescheidenheit lehrt. Das Gefühl, alles alleine zu schaffen, gefällt uns. Aber erinnere uns daran, dass wir dich und andere brauchen.
Amen.

Aus der Benediktsregel

Vor allem habe er Demut. Kann er einem Bruder nichts geben, dann schenke er ihm wenigstens ein gutes Wort. Es steht ja geschrieben (Sir 18,17): »Ein gutes Wort geht über die beste Gabe.«

(Kapitel 31, Verse 13–14)

Betrachtung

Wieder geht es um die Demut. Dieses Kapitel handelt von zwischenmenschlichen Beziehungen, dem Herz einer Gemeinschaft, und von Dingen gleichermaßen. Denken wir also über den Nutzen und über den Missbrauch von Macht nach: Bin ich in Versuchung, andere Menschen klein aussehen zu lassen, versuche ich, sie zu dominieren? Versuche ich, Menschen von mir abhängig zu machen? Reize ich sie, sei es bewusst oder unbewusst?
Benedikt betont, wie wichtig Frieden für das menschliche Herz ist. Deshalb soll der Cellerar, auf dem der Druck einer anspruchsvollen Aufgabe lastet, dafür sorgen, dass auch er selbst Frieden und Ruhe sowie die Zeit, über seine eigenen Bedürfnisse nachzudenken, findet. Nimm dir Zeit für Frieden und Gebet. – »Kein Frieden, kein Gott. Wenn du Frieden kennst, kennst du auch Gott.«

Gebet

Vater,
hilf uns,
einander immer mit Respekt und Freundlichkeit zu behandeln.
Wir beten für Frieden in unseren Herzen und Gedanken.
Erlöse uns von dem Stress, der unseren Frieden zerstört.
Wir bitten um das Geschenk des Friedens,
den nur du uns geben kannst.
Amen.

Zum Nachdenken

Dieses Kapitel beinhaltet eine oft zitierte Anordnung, dass nämlich die ganze Ausstattung mit der gleichen Sorgfalt behandelt werden sollte wie die geheiligten Gefäße, die bei der Messe benutzt werden. Stell dir vor, wie lange die Sachen halten würden, wenn wir das beherzigten!

Denk an die Art, mit der wir die Stühle, Tische und Bücher benutzen, und schau den Abfall an, den wir jeden Tag verursachen – den Müll, den Kaugummi. Haben wir Achtung vor denen, die nach uns aufräumen?

Kapitel 32: Werkzeuge und Güter

Aus der Benediktsregel

Der Abt führe ein Verzeichnis über all diese Dinge. So weiß er, was er gibt und was er zurückhält, wenn die Brüder einander in den zugewiesenen Aufgaben ablösen.

(Kapitel 32, Vers 3)

Betrachtung

Alles, was wir haben, ist geliehen und muss möglicherweise zurückgegeben werden. Wenn du etwas ausborgst, gib es im gleichen (oder besseren) Zustand zurück, in dem du es erhalten hast – oder vergisst du manchmal sogar, es zurückzugeben?
Denke an alles, was wir von Gott erhalten haben. Eines Tages werden wir Rechenschaft ablegen müssen, wie wir unsere Talente, unsere Geschenke, gebraucht oder missbraucht, versteckt oder entwickelt haben.

Gebet

Alles, was ich bin,
alles, was ich mache,
alles, was ich jemals haben werde,
biete ich dir jetzt an.
Amen.

Aus der Benediktsregel

Wenn einer die Sachen des Klosters verschmutzen lässt oder nachlässig behandelt, werde er getadelt.

(Kapitel 32, Vers 4)

Betrachtung

Dieses Kapitel ist eine Warnung! Falls irgendjemand geglaubt haben sollte, dass das geistliche Leben eine Entschuldigung ist, um die Ereignisse auf der Welt nicht zu beachten. Erneut erklärt Benedikt uns, dass auch die täglichen Gebrauchsgegenstände mit Sorgfalt und Respekt behandelt werden sollten.

Gebet

Gott,
wir besitzen so viel. Manchmal vergessen wir, dankbar zu sein für die Sachen, die uns gegeben wurden. Wir beten, dass wir in unserem Überfluss großzügig sind und an die denken, die nur wenig besitzen. Amen.

Anregung

Erstelle eine Liste der Dinge, die du besitzt: dein Fahrrad, dein Computer, deine Kleidungsstücke, deine Schuhe und so weiter. Gib jedem Gegenstand eine Note: 1, 2, 3, 4 oder 5 gemäß deiner Sorgfalt im Umgang damit.
Dann denke daran, wie viel Abfall es in unserer Welt gibt, denke über unsere Wegwerfgesellschaft nach. Überlege, wie du wirtschaftlicher mit deinen Gebrauchsgegenständen umgehen kannst. Sieh dich um, während du in der Schule umherläufst, und schau, was weggeworfen oder kaputtgemacht wurde. Was kannst du tun, damit nicht noch mehr Abfall produziert wird?

Aus der Benediktsregel

Wenn er sich nicht bessert, treffe ihn die von der Regel vorgesehene Strafe.

(Kapitel 32, Vers 5)

Betrachtung

Der heilige Benedikt lässt nicht mit sich spaßen! Schlechtes Verhalten soll bestraft werden! Er drängt uns, Sorgfalt walten zu lassen.
Es sind nicht so sehr die Dinge selbst, um die es geht, sondern die Tatsache, dass sie die gute Beziehung zwischen uns und den anderen stören können.
Unsere Besitztümer können uns gierig und eifersüchtig machen. Benedikt rät uns, solches Verhalten zu unterbinden, bevor es die Möglichkeit hat zu wachsen.

Gebet

Jesus,
hilf uns, deinem Beispiel folgend,
nicht zu viel Wert auf
unsere Besitztümer zu legen.
Hilf uns,
dass wir unseren Charakter
und deine Liebe zu uns höher schätzen als den Besitz.
Amen.

Zum Nachdenken

- Denkst du zuerst an andere Menschen, bevor du an dich selbst denkst?
- Wie wichtig ist es dir, der neuesten Mode zu folgen?
- Nicht deine Besitztümer kennzeichnen dich. Was macht dich deiner Meinung nach aus?
- Denke an etwas, was du dir immer gewünscht hast. Wie hast du dich gefühlt, als du es bekommen hast?
- Denke an etwas, was du wirklich willst. Warum möchtest du es haben?
- Gott ist immer bereit, sich uns während des Gottesdienstes und der Heiligen Kommunion zu geben. Bist auch du bereit, dich Gott zu geben?

Kapitel 33: Privater Besitz

Der heilige Benedikt sagt, dass wir umso gebundener sind, je mehr wir besitzen. Wenn wir Besitz aufgeben, ist das kein Verlust. Im Gegenteil, es befreit uns.

Aus der Benediktsregel

Keiner maße sich an, ohne Erlaubnis des Abtes etwas zu geben oder anzunehmen. Keiner habe etwas als Eigentum, überhaupt nichts, kein Buch, keine Schreibtafel, keinen Griffel – gar nichts.

(Kapitel 33, Verse 2–3)

Betrachtung

Dieses Kapitel ist nicht einfach zu verstehen, besonders in der heutigen Zeit, in der es den Menschen scheinbar besser geht, je mehr sie besitzen.
Wie oft sind wir durch etwas, was uns gehört, gebunden? Wenn jemand zum Beispiel ein Haustier hat und ein paar Tage verreisen möchte, muss er sich erkundigen, ob er das Tier mitbringen darf, oder jemanden finden, der sich um das Tier kümmert. Der Besitz bindet.

Gebet

Vater,
Besitztümer scheinen uns in dieser Welt zu besseren Menschen zu machen. Aber wir wissen, dass Jesus und der heilige Benedikt sehr wenig besaßen, das sie ihr Eigen nennen konnten. Gerade deshalb waren sie frei, frei, um dir ihr Leben zu widmen. Hilf uns zu verstehen, dass es uns dazu befreien kann, dir zu dienen, wenn wir wenig besitzen.
Amen.

Aus der Benediktsregel

»Alles sei allen gemeinsam« (Apg 4,32), wie es in der Schrift heißt, damit keiner etwas als sein Eigentum bezeichnen oder beanspruchen kann. Stellt es sich heraus, dass einer an diesem sehr schlimmen Laster Gefallen findet, werde er einmal und ein zweites Mal ermahnt. Wenn er sich nicht bessert, treffe ihn eine Strafe.

(Kapitel 33, Verse 6–8)

Betrachtung

Joan Chittister hat einen interessanten Gedanken zu diesem Thema formuliert:
»Gemeinsames Eigentum und gegenseitige Abhängigkeit sind die Grundlage für gegenseitigen Respekt.«
In dem Wissen, dass wir voneinander abhängig sind, sollten wir uns aufeinander verlassen können. Es ist besser, sagen zu können »Ich brauche dich und du brauchst mich« als zu behaupten »Ich brauche niemanden, ich kann alles allein«. In einer Gemeinschaft brauchen wir einander tatsächlich. Lasst uns nicht so tun, als ob es nicht so wäre!

Gebet

Herr Jesus,
hilf jedem von uns zu erkennen, dass wir einander brauchen. Hilf uns einzusehen, dass du in jedem von uns wirkst und wir in jedem, dem wir begegnen, nach dir suchen sollten.
Amen.

Kapitel 34: Die Zuteilung des Notwendigen

Inzwischen haben wir von über der Hälfte der Regel des heiligen Benedikt eine Ahnung. Die vorherigen Kapitel sind auf den Einzelnen und die Gemeinschaft eingegangen. Vor allem wurde die Abhängigkeit der Menschen voneinander und die gemeinsame Freundschaft in Gott aufgezeigt. Die folgenden Kapitel machen auf praktische Art und Weise deutlich, was Liebe verlangt und was sie gibt.
Man kann sagen, dass die Benediktsregel einen ähnlichen Zweck erfüllt wie der Beipackzettel einer Arznei. Sie beschreibt die heilsame Wirkungsweise der Behandlung, warnt aber auch vor möglichen Nebenwirkungen: Die Regel ändert uns Menschen, wenn wir es zulassen. Sie fordert uns heraus, kann aber, wenn die Behandlung anschlägt, auch verletzend sein. Wie es im Evangelium steht: »Es tröstet die Geplagten und plagt die Bequemen.«

Aus der Benediktsregel

Man halte sich an das Wort der Schrift (Apg 4,35): »Jedem wurde so viel zugeteilt, wie er nötig hatte.«

(Kapitel 34, Vers 1)

Betrachtung

Benedikt zitiert die Apostelgeschichte und macht klar, dass das, was wir bekommen, nicht unbedingt das ist, was wir gerne haben wollen, obwohl unsere Bedürfnisse natürlich gestillt werden.
Wir sollten mit dem zufrieden sein, was wir erhalten, und nicht bedauern, was wir nicht haben. Was andere bekommen, sollen wir ihnen ohne Neid und Habgier gönnen und nicht für uns selbst auf Kosten anderer das Beste verlangen.

Gebet

Vater,
du weißt, was wir brauchen, noch bevor wir darum bitten. Hilf uns, einander zu vertrauen und für alle deine Gaben dankbar zu sein.
Amen.

Aus der Benediktsregel

Vor allem darf niemals das Laster des Murrens aufkommen, in keinem Wort und in keiner Andeutung, was auch immer als Anlass vorliegen mag.

(Kapitel 34, Vers 6)

Betrachtung

Diese Zeilen verlangen, dass wir wahre Sorge füreinander empfinden. Niemand sollte einen anderen beneiden. Das Murren, die Unzufriedenheit, ist der Feind!
Es waren die strengen Pharisäer, die Jesu Liebe kritisierten, weil sie eifersüchtig auf seine Gnade gegenüber den Schwachen waren. Benedikt will, dass unsere Liebe bedingungslos ist, offen und wahr, glaubend und nicht richtend.
Wie können wir erfolgreich in einer Gemeinschaft leben, wenn wir nicht an andere statt an uns selbst denken?

Gebet

Lasst uns in Stille füreinander beten:

Jesus,
du hast uns einen Weg der bedingungslosen Liebe aufgezeigt. Wir beten um die Stärke, darauf zu vertrauen, dass es der Gemeinschaft gut tut, diesem Weg zu folgen.
Amen.

Kapitel 35: Der wöchentliche Dienst in der Küche

Aus der Benediktsregel

Die Brüder sollen einander dienen. Keiner werde vom Küchendienst ausgenommen, es sei denn, er wäre krank oder durch eine dringende Angelegenheit beansprucht ... Den Schwachen aber gebe man Hilfe, damit sie ihren Dienst verrichten, ohne traurig zu werden.

(Kapitel 35, Verse 1 und 3)

Betrachtung

Die Küche ist ein zentraler und beliebter Ort in jeder Gemeinschaft. Von hier aus werden wir versorgt. Häufig essen wir zwar, sind aber nicht unbedingt bereit, zu kochen, zu bedienen oder abzuwaschen.
Wie in der Gemeinschaft Benedikts sollten wir aber alle einander bedienen, nicht nur in der Küche. Wir sollten es als Privileg ansehen, zu dienen: Ohne Jammern, wenn man gebeten wird, die Bücher auszuteilen oder die Stühle hochzustellen.
Wenn wir nicht darauf vorbereitet sind, füreinander freundlich zu sorgen, können wir auch nicht zu einem Team, einer Familie oder einer Gemeinschaft zusammenwachsen.

Gebet

Jesus,
du warst bereit, vor deinen Freunden niederzuknien und ihnen die Füße zu waschen. Zeige uns, was dienen heißt. Hilf uns, bereit zu sein, sowohl zu dienen, als auch bedient zu werden. Wir beten für unser Küchenpersonal, das täglich für uns sorgt.
Amen.

Aus der Benediktsregel

Wer den Wochendienst beendet, soll am Samstag die Tücher waschen, mit denen sich die Brüder Hände und Füße abtrocknen.

(Kapitel 35, Verse 7–8)

Betrachtung

Igitt, was für ein ekelhafter Job! In Italien kann es ziemlich heiß sein – und wir waschen die dreckigen Handtücher von einer Woche.
Benedikt erwartet einiges von jedem in seiner Gemeinschaft. Dienen ist nicht immer ein Vergnügen! Aber nicht den dreckigen Handtüchern gilt unser Augenmerk, sondern dem Dienst, den wir einander leisten sollen.
Liebe gibt einem die Möglichkeit, Aufgaben zu bewältigen, die man normalerweise nicht tun würde. Jeder ist mal an der Reihe, auch die Verantwortlichen dürfen die Gelegenheit zum Dienen nicht vorübergehen lassen.

Gebet

Jesus,
hilf uns zu erkennen, dass der Dienst aneinander, obwohl er nicht als Ehre oder Privileg erscheinen mag, uns Gelegenheit gibt, uns gegenseitig unsere Liebe zu beweisen.
Amen.

Aus der Benediktsregel

Die Wochendiener sollen (an Fasttagen) vor der einzigen Mahlzeit über das festgesetzte Maß hinaus etwas zu trinken und Brot erhalten ...
(Kapitel 35, Vers 12)

Betrachtung

Hier erleben wir den praktischen, verständnisvollen Benedikt. Wie würdest du den anderen ihr Essen servieren, wenn du selbst Hunger hast? Du würdest dich wahrscheinlich darüber ärgern. Dienen ist aber kein Härtetest. Lasse einfach zu, dass der ärgste Hunger derjenigen, die bei Tisch bedienen, gestillt ist, und das Problem ist gelöst. Benedikt hatte schon ein Verständnis für die menschliche Psyche, noch bevor es die ersten Psychologen gab!

Gebet

Herr,
hilf uns zu verstehen, dass die Verantwortlichen von Herzen unser Bestes wollen. Mach alle Führungspersonen ihrer Positionen würdig und gib ihnen einen liebenden Führungsstil.
Amen.

Aus der Benediktsregel

Wer den Wochendienst beendet, spreche folgenden Vers (Dan 3,52; Ps 86,17): »Gepriesen bist du Herr unser Gott, du hast mir geholfen und mich getröstet.« Hat er dreimal so gesprochen und den Segen zum Abschluss seines Dienstes empfangen, folgt, wer den Dienst beginnt und spricht (Ps 70,2): »O Gott, komm mir zu Hilfe, Herr, eile, mir zu helfen.«

(Kapitel 35, Verse 16–17)

Betrachtung

Diejenigen, die bereits ihren Dienst erfüllt haben, und diejenigen, deren Dienst beginnt, sagen einen Vers der Bibel als Dank. Diejenigen, die gerade beginnen, wissen, dass sie Hilfe brauchen.
Das Gebet des heiligen Benedikt lautet: »Wir beten, Herr, dass alles, was wir tun, von deinem Geist erfüllt ist ...«
Erkennen wir an, dass wir Gottes Hilfe bei allem, was wir tun, brauchen? Wenn Gott das Universum geschaffen hat, wird es kein Problem für ihn sein, uns zu helfen!

Gebet

Herr,
wir beten, dass wir daran denken,
jede Aufgabe mit der Bitte um deine Hilfe zu beginnen
und sie zu beenden, indem wir dir Dank sagen.
Hilf uns zu erkennen,
dass du an allem, was wir versuchen,
interessiert bist und dass mit dir die Aufgabe besser gelingt.
Amen.

Anregungen

- Falls du etwas tun musst, wovor du dich fürchtest, bitte Gott um seine Hilfe!
- Denk an etwas, was du gerne tust – Sport, Musik, Lesen. Gott ist an allem, was du tust, interessiert. Bitte Gott, dein Tun zu segnen.
- Denke an die Menschen, die dir jeden Tag helfen, die dein Leben einfacher machen: Briefträger, Verkäufer, Busfahrer, Küchenhilfen. Danke ihnen, wenn du sie siehst, und schenke ihnen ein Lächeln.

Kapitel 36: Die kranken Brüder

Aus der Benediktsregel

Die Sorge für die Kranken muss vor und über allem stehen: Man soll ihnen so dienen, als wären sie wirklich Christus; hat er doch gesagt (Mt 25,36): »Ich war krank, und ihr habt mich besucht.«

(Kapitel 36, Verse 1–2)

Betrachtung

Wir alle haben Tage, an denen wir uns nicht gut fühlen. Glücklicherweise gehen diese Tage für die meisten von uns wieder vorüber. In diesem Kapitel der Regel wird uns nahe gelegt, Menschen, die krank sind, mit besonderer Sorgfalt zu behandeln. Denn es ist, als ob wir Christus behandeln, wenn wir uns um Kranke kümmern.

Lasst uns den Menschen mit schweren Krankheiten oder Behinderungen mehr Aufmerksamkeit schenken. Niemand sollte lächerlich gemacht oder ausgegrenzt werden, weil er krank oder schwach ist.

Denken wir daran, dass wir alle Schwächen haben und dass einige von uns Behinderungen haben, die nicht so offensichtlich wie andere sind.

Gebet

Wir beten ganz besonders für diejenigen in unserer Gemeinschaft, die krank sind. Wir gedenken derer, die im Krankenhaus oder zu Hause gepflegt werden. Segne und stärke die, die sich um die Kranken kümmern.

(Pause, um Namen von Menschen zu nennen, die krank sind)

Wir übergeben dir unsere Bitten, Gott, unser aller Heiland.
Amen.

Aus der Benediktsregel

Doch auch solche Kranke müssen in Geduld ertragen werden; denn durch sie erlangt man größeren Lohn. Daher sei es eine Hauptsorge des Abtes, dass sie unter keiner Vernachlässigung zu leiden haben.

(Kapitel 36, Verse 5–6)

Betrachtung

Die Pflege der Kranken ist eine von Gott gegebene Gelegenheit, um zu helfen. Wie oft sehen wir diese Seite des Lebens? Wie reagierst du auf Krankheiten, seien es deine eigenen oder die anderer Menschen? Unglücklicherweise scheint die Welt die Starken und Kräftigen vorzuziehen. Doch Christus und der heilige Benedikt schenken denen besondere Aufmerksamkeit, die schwach sind. Ihrem Beispiel sollen wir folgen.

Gebet

Jesus,
unser Vorbild und Führer, hilf uns, dass wir sehen, wenn Menschen, die in Not sind, Liebe und Hilfe brauchen. Wir bitten dich, lass uns denen, für die wir sorgen sollen, immer mit Freundlichkeit begegnen. Amen.

Kapitel 37: Alte und Kinder

Vielleicht halten die Lehrer die Schüler für Kinder und die Schüler die Lehrer für Alte?!
Egal, auch hier treffen die Worte des heiligen Benedikt zu, der uns ermahnt, sorgfältig und wertschätzend miteinander umzugehen, ganz gleich, in welcher Lebensphase wir uns befinden.

Aus der Benediktsregel

Immer achte man auf ihre Schwäche. Für ihre Nahrung darf die Strenge der Regel keinesfalls gelten.

(Kapitel 37, Vers 2)

Betrachtung

Lasst uns daran denken, dass zum Beispiel am Anfang des Schuljahres oder Semesters viele neue junge Mitglieder in der Gemeinschaft zu begrüßen sind. Es ist nun ihre Gemeinschaft und wir, die schon vorher da waren, müssen sicherstellen, dass ihre Einführung für sie eine frohe Erfahrung ist. Das ist nicht der Augenblick, uns wichtig zu machen, nur weil wir älter oder größer als die neuen Schüler sind.
Jesus sagte (Mt 25,40): »Was ihr für einen meiner geringsten Brüder getan habt, das habt ihr mir getan.« Behandelt euch gegenseitig mit dem Respekt, der Fürsorge und der Toleranz, mit der ihr selbst behandelt werden möchtet. So wird es uns gelingen, immer mehr zu einer christlichen Gemeinschaft zu werden.

Gebet

Jesus,
du hast niemals jemanden sich unwillkommen
oder klein fühlen lassen.
Wir beten für die Menschen in unserer Gemeinschaft, die verwirrt oder verängstigt sind. Hilf uns, ihnen die Hand zu reichen und ein freundliches Lächeln zu schenken.
Amen.

Kapitel 38: Der wöchentliche Dienst des Tischlesers

In vielen Klöstern und Ordensgemeinschaften wird während der Mahlzeit laut aus einem geistlichen Buch vorgelesen. Zur Zeit des heiligen Benedikt war es gewöhnlich die Bibel.
Die Seele soll genauso wie der Magen gefüllt werden. Benedikt sagt, dass der Leser ein guter Leser sein muss, damit diejenigen, die zuhören, nicht durch Versprecher abgelenkt werden. Dies ist tatsächlich ein Fall, wo man aus gutem Grund wählerisch sein darf.
Denken wir daran, dass wir verschiedene Talente haben. Wenn wir allerdings alle ausgezeichnete Vorleser wären, aber keiner von uns Fußball spielen könnte, wäre das Leben ziemlich langweilig!

Aus der Benediktsregel

Beim Tisch der Brüder darf die Lesung nicht fehlen. Doch soll nicht der Nächstbeste nach dem Buch greifen und lesen, sondern der vorgesehene Leser beginne am Sonntag seinen Dienst für die ganze Woche.
(Kapitel 38, Vers 1)

Betrachtung

Ich bezweifle, dass jemand, der in einem lärmerfüllten Schulspeisesaal laut vorliest, gehört würde – nicht einmal mit einer Lautsprecheranlage. Je lauter wir sind, desto lauter schreien andere, um uns zu übertönen. Ich schlage nicht vor, dass wir unsere Mahlzeiten künftig schweigend einnehmen sollen, aber es wäre gut, wenn wir ab und zu lang genug still wären, so dass wir unseren Freunden und Lehrern auch zuhören können.

Gebet

Gott, unser Schöpfer,
du hast die Welt aus dem Nichts erschaffen. Es ist nicht erwähnt, dass du den Lärm erschaffen hast, wir aber scheinen ziemlich gut darin zu sein, Lärm zu »erschaffen«. Wir bitten dich, mach uns darauf aufmerksam, wenn wir zu laut werden. Hilf uns heute, Frieden in unseren Teil der Welt zu bringen.
Amen.

Aus der Benediktsregel

Daher beten alle im Oratorium dreimal folgenden Vers, den der Leser anstimmt (Ps 51,17): »Herr, öffne meine Lippen, damit mein Mund dein Lob verkünde.« So erhält er den Segen und beginnt dann seinen Dienst als Leser.

(Kapitel 38, Verse 3–4)

Betrachtung

Wenn wir nur Gott erlauben würden, unsere Münder zu öffnen, wie viel besser wären die Worte, die dann herauskämen! Kannst du dir vorstellen, dass Gott uns beim Fluchen oder Lügen oder bei irgendwelchen Respektlosigkeiten helfen würde? Oder dass Gott durch unseren Mund etwas Verletzendes oder Grobes sagen würde? Wenn wir uns selbst manchmal reden hören könnten, würden wir uns schämen.
Eigentlich ist es eine Schande, dass wir uns nicht schämen. Wenn uns zum Beispiel jemand sagt, dass wir aufhören sollen, uns gewisser Ausdrücke zu bedienen, werden wir wahrscheinlich erst recht damit fortfahren. Wie stoppen wir den Niedergang unserer Sprache? Denkt daran, dass Gott unsere Lippen öffnen kann, so wie er es tut, wenn wir fröhliche, liebende, großzügige, vergebende und freundliche Worte sagen. Gott lacht gerne.

Gebet

Heiliger Geist, sanfter Lehrer der Weisheit,
hilf uns, dass wir heute unsere Zungen unter Kontrolle halten.
Lass uns unsere Sprache heute nutzen, um freundlich,
hilfreich und unterstützend zu sein.
Hilf uns zu erkennen, dass wir diese Gemeinschaft verändern können,
indem wir denken, bevor wir sprechen.
Hilf uns auch in unsrem Gebet, damit wir Menschen werden, wie du sie willst.
Amen.

Anregung

Lies im Brief des heiligen Paulus an Jakobus, Kapitel 3, 5–11. Hier findest du einige Metaphern, die unsere Art zu reden beschreiben und sagen, wie wir unser Reden möglicherweise kontrollieren können.

Aus der Benediktsregel

Es herrsche größte Stille. Kein Flüstern und kein Laut sei zu hören, nur die Stimme des Lesers.

(Kapitel 38, Vers 5)

Betrachtung

Ich bezweifle, dass es einen Lehrer gibt, dem man diesen Abschnitt besonders empfehlen muss! Ein Vorschlag: Stille ist nicht einfach nur Abwesenheit von Lärm. Darum kann es hilfreich sein, zu den Schülern zu sagen: »Lasst uns schweigen, damit wir nachdenken können über ...« Im Kloster wird die Stille eingehalten, um auf Gott zu hören. Als Lehrer in einer kirchlichen Schule haben wir die Pflicht, uns gegenseitig zu Gott zu führen. Stille, die von Gott erfüllt ist, ist besonders kostbar.

Gebet

Gott, unser Vater,
hilf uns zu erkennen, dass Stille nicht einfach nur das Fehlen von Lärm ist, sondern eine Möglichkeit, auf dich, unsere Lehrer, unsere Freunde, unsere Eltern und uns selbst zu hören. Gib uns Ruhe in unserem stressigen Alltag und hilf uns, diese Ruhe sinnvoll zu füllen.
Amen.

Anregung

Gehe an einen Ort, wo du ganz für dich bist – vielleicht in die Kapelle. Setz dich dort hin und schweige. Dann höre einfach. Worauf? Höre einfach. Bete nicht, fülle deinen Kopf nicht mit Worten, höre einfach. Höre, solange du kannst.

Kapitel 39: Das Maß der Speise

Aus der Benediktsregel

Nach unserer Meinung dürfen für die tägliche Hauptmahlzeit, ob zur sechsten oder neunten Stunde, für jeden Tisch mit Rücksicht auf die Schwäche einzelner zwei gekochte Speisen genügen. Wer etwa von der einen Speise nicht essen kann, dem bleibt zur Stärkung die andere. Zwei gekochte Speisen sollen also für alle Brüder genug sein. Gibt es Obst oder frisches Gemüse, reiche man es zusätzlich. Ein reichlich bemessenes Pfund Brot genüge für den Tag, ob man nur eine Mahlzeit hält oder Mittag- und Abendessen einnimmt.

(Kapitel 39, Verse 1–4)

Betrachtung

Diese Mönche wurden nie hungrig! Der heilige Benedikt sorgt dafür, dass ihr Essen reichlich, einfach und lecker ist. Er erwartete von den Mönchen, hart zu arbeiten, zu lernen und zu beten. Dafür benötigt man die Kraft, die man durch das Essen erhält.

Essen wir, um die Kraft zu bekommen, die wir für Arbeit, Spiel, Studium und Gebet benötigen? Oder essen wir einfach, weil es Zeit ist zu essen? Stopfen wir so viel wie möglich in uns hinein oder essen wir die richtige Menge? Machen wir uns ständig Sorgen darüber, zu dick zu werden? Benedikts Regel ist eine des Gleichgewichts. Wir essen das Richtige zur rechten Zeit aus gutem Grund.

Und danken wir Gott für unser Essen? Die Praxis, ein Tischgebet vor und nach dem Essen zu sprechen, ist praktisch verschwunden. Du kannst jedoch still für dich oder mit deinen Freunden am Esstisch ein Tischgebet sprechen. Wenn du Gott dankst, bist du auf dem richtigen Weg!

Gebet

Herr,
wir danken dir für die Speisen, die wir essen. Wir danken auch für die Menschen, die diese Speisen zubereitet haben. Lass uns auch an die Menschen zu denken, die heute nichts zu essen haben.
Amen.

Aus der Benediktsregel

Doch muss vor allem Unmäßigkeit vermieden werden; und nie darf sich bei einem Mönch Übersättigung einschleichen. Denn nichts steht so im Gegensatz zu einem Christen wie Unmäßigkeit. Sagt doch unser Herr (Lk 21,34): »Nehmt euch in Acht, dass nicht Unmäßigkeit euer Herz belaste.«

(Kapitel 39, Verse 7–9)

Betrachtung

Sicher hat jeder von uns hat schon einmal zu viel gegessen. Erinnerst du dich an diesen extragroßen Hamburger, von dem du dachtest, du könntest ihn schaffen? An dieses fantastische Essen im Restaurant, das so gut war, dass du einfach weitergegessen hast?
Benedikt will, dass wir versuchen, stets unseren Geist über den Körper gebieten zu lassen. Wir wissen, wie faul wir uns fühlen, wenn wir zu viel gegessen haben, oder wie gefährlich es ist, nach einem ausgiebigen Essen zu trainieren. Also müssen wir auf unsere Körper achten.

Gebet

Gott,
du hast genügend Essen für jeden in deiner Welt geschaffen. Wir scheinen die Verteilung falsch angelegt zu haben. Hilf uns, vernünftig mit unseren Ernährungsgewohnheiten umzugehen. Lass uns auch an die Menschen in armen Ländern denken und für sie spenden, wenn sich die Gelegenheit ergibt.
Amen.

Anregung

Finde heraus, wo es eine Sammelbox für »Brot für die Welt«, »Misereor«, »Adveniat« oder eine andere Organisation gibt, die versucht, den Hunger in der Welt – oder in deiner Stadt – zu lindern.

Überlege, ob du mehr spenden kannst als das, was du ursprünglich glaubst entbehren zu können. Wie wäre es damit, auf etwas zu verzichten, was du gerne gehabt hättest, damit ein anderer das haben kann, was er braucht?

Kapitel 40: Die richtige Menge an Trinken

Dem heiligen Benedikt zufolge ist pro Person eine halbe Flasche Wein am Tag das richtige Maß – wer wird da nicht übereinstimmen?! Trotzdem könnte man sich Fragen stellen: Wie groß ist die Flasche? Können wir unser Quantum aufheben und am Ende der Woche eine Party machen?
Das Hauptaugenmerk dieses Kapitels liegt jedoch auf etwas anderem: Es geht darum, Unzufriedenheit zu bekämpfen und sich selbst kontrollieren zu lernen. Am Anfang dieser Ausführungen steht ein Zitat aus der Bibel.

Aus der Benediktsregel

»Jeder hat seine Gnadengabe von Gott, der eine so, der andere so.« (1 Kor 7,7) Deshalb bestimmen wir nur mit einigen Bedenken das Maß der Nahrung für andere. Doch mit Rücksicht auf die Bedürfnisse der Schwachen meinen wir, dass für jeden täglich eine Hemina Wein genügt. Wem aber Gott die Kraft zur Enthaltsamkeit gibt, der wisse, dass er einen besonderen Lohn empfangen wird.

(Kapitel 40, Verse 1-4)

Betrachtung

Wenn dir gesagt würde, dass du niemals wieder Schokolade essen dürftest, würdest du wahrscheinlich alles tun, um im Geheimen doch welche zu erlangen. Wenn du dich mit diesem Kapitel befasst, wirst du vielleicht feststellen, dass du nicht all das, was dir zur Verfügung steht, wirklich brauchst.

Der heilige Benedikt will erreichen, dass wir unsere Unzufriedenheit bekämpfen. Überlege, ob du heute auf etwas verzichten kannst. Es muss für dich nicht Fastenzeit sein, um Selbstkontrolle zu üben. Wenn es bedeutet, Geld zu sparen, spende es zu einem guten Zweck.

Gebet

Gott, unser Schöpfer,
du gibst uns so viel und in unserer Gesellschaft können wir normalerweise alles bekommen, was wir wollen. Wir beten für die Menschen, die kein Wasser, kein Essen und keine Rohstoffe haben. Hilf uns, in unserer Lage des Überflusses uns der Bedürfnisse anderer bewusst zu sein.
Amen.

Aus der Benediktsregel

Wo aber ungünstige Ortsverhältnisse es mit sich bringen, dass nicht einmal das oben angegebene Maß, sondern viel weniger oder überhaupt nichts zu bekommen ist, sollen die Brüder, die dort wohnen, Gott preisen und nicht murren.

(Kapitel 40, Vers 8)

Betrachtung

Dies ist einer der wichtigsten Ratschläge, die der heilige Benedikt seiner und jeder Gemeinschaft gibt. Murren und Unzufriedenheit sind wie Säure, die uns von innen zerfrisst. Eine Gemeinschaft kann daran sehr schnell zugrunde gehen.

Lies Psalm 106 und dort vor allem die Verse 24 bis 27, in denen es heißt, dass die Menschen, die gegen Gott gemurrt haben, in die Wildnis zerstreut wurden. Würde jeder von uns, sobald er murrt, tot umfallen, würden nicht mehr viele von uns übrig bleiben. Murren ändert gewöhnlich nichts an der Situation, warum also murren wir überhaupt?

Dieses Kapitel ist ein gutes Beispiel dafür, wie sehr es eine Gemeinschaft fördern kann, wenn die Benediktsregel *gelebt* wird – und nicht nur gelesen oder ans schwarze Brett gehängt!

Gebet

Hier, Gott, nimm das, was mich murren lässt, und schenke mir dafür ein offenes und positives Herz. Hilf mir, an all die vielen Dinge zu denken, die mich glücklich und zufrieden machen.
Amen.

Anregung

Gönne dir einen Moment der Stille und denke über etwas nach, was dich murren lässt und dir das Gefühl der Unzufriedenheit gibt. Dann denke darüber nach, wie viel Gutes dir das Murren gebracht hat. Jetzt lass es los. Übergib es Gott.

Aus der Benediktsregel

Dazu mahnen wir vor allem: Man unterlasse das Murren.
(Kapitel 40, Vers 9)

Betrachtung

Wenn es berechtigten Grund zum Klagen gibt, muss das verantwortungsbewusst und schnell geklärt werden. Sonst wird das Murren zunehmen, immer weitere Kreise ziehen und alles um sich herum zerfressen.
Das gilt schon im Kleinen: Wenn du zum Beispiel etwas bei deinen Hausaufgaben nicht verstehst, bitte um Hilfe oder suche so schnell wie möglich einen anderen Lösungsweg. Denn wenn du das nicht jetzt tust, wird das Problem morgen möglicherweise noch größer sein.
So ist es auch, wenn Menschen unzufrieden oder bedrückt sind: Sie werden versuchen, andere dazu zu bewegen, ihre Gefühle zu teilen. Bevor du auch nur weißt, wie dir geschieht, wird sich bald jeder beklagen. Darum kläre es. Jetzt.

Gebet

Herr,
wir beten für jeden, der Probleme hat – und wer von uns hat keine. Wir bitten dich um den Mut, mit unseren Problemen so umzugehen und sie so zu lösen, dass Friede und Harmonie für jeden von uns und für unsere Gemeinschaft wiederhergestellt werden können.
Amen.

Zum Nachdenken

Joan Chittister schreibt in »Insights for the Ages«: »Wenn benediktinische Spiritualität überhaupt irgendetwas vom Leben versteht, versteht es die zersetzende Wirkung von ständigen Beschwerden. Klagen ist

die Säure, die unsere eigene Seele und die der Gemeinschaft verletzt. Klagen formt unsere geistige Haltung. Gefühle beeinflussen, wie die Psychologie uns lehrt, nicht das Denken. Aber Gedanken beeinflussen Gefühle. Was wir uns selbst erlauben zu denken, ist in Wirklichkeit auch das, was wir uns erlauben zu fühlen ...
Was wir als negativ ansehen, empfinden wir auch als negativ und machen es damit zu etwas Negativem. Worüber wir positiv denken, das wird positiv. Klagen untergräbt die Hoffnung einer Gemeinschaft und erstickt ihre Möglichkeiten. Benediktinische Spiritualität lehrt uns, unsere Herzen und unseren Geist zu öffnen, um Gnade von unwahrscheinlichen Orten hineinkommen zu lassen.

Kapitel 41: Die Mahlzeiten

Aus der Benediktsregel

Die sechste Stunde für die Hauptmahlzeit wird auch beibehalten, wenn die Brüder auf dem Felde arbeiten oder die Sommerhitze unerträglich ist; der Abt sorge dafür. Überhaupt regle und ordne er alles so, dass es den Brüdern zum Heil dient und sie ohne einen berechtigten Grund zum Murren ihre Arbeit tun können.

(Kapitel 41, Verse 4–5)

Betrachtung

Wieder geht es darum, dass die Mönche glücklich bleiben und keinen Grund zum Murren haben. Man erwartet vom Abt, dass er Ausnahmen von der Regel macht. »Ein weiser Mann verändert seine Gesinnung, ein Narr nie!«
Harte und starre Regeln können eine Last sein. Die verantwortliche Person muss die Weisheit und Autorität haben, angemessene Veränderungen zu machen. Situationen können sich verändern und die Regeln müssen sich mit ihnen ändern. Manchmal müssen wir zum Wohl der Gemeinschaft Gebote akzeptieren, auch wenn sie uns schwierig oder ungerecht vorkommen.
Doch das ist nicht immer notwendig. Manchmal dürfen Gebote auch verändert werden, wenn sie nicht mehr zeitgemäß sind oder nicht der Situation entsprechen. Dem Verantwortlichen traut man zu, diese Unterscheidung zu treffen.

Gebet

Herr,
hilf uns, auch die Gebote, deren Einhaltung uns schwer fällt, zu verstehen. Und wenn uns das nicht gelingt, lass uns sie im Vertrauen auf deine Stärke dennoch erfüllen.
Amen.

Aus der Benediktsregel

Auch zu anderen Jahreszeiten werde die Stunde für das Abendessen oder für die Hauptmahlzeit so gewählt, dass alles bei Tageslicht geschehen kann.

(Kapitel 41, Vers 9)

Betrachtung

Es steckt viel hinter dem, was der heilige Benedikt über die scheinbar einfachen Dinge sagt. Darin zeigt sich, wie bewusst und tiefgehend er sich mit den Einzelheiten im Leben derer auseinander setzt, die ihm anvertraut sind.
Das kann die folgende Geschichte aus der Zen-Tradition verdeutlichen:
Eines Tages kam eine neuer Schüler zu seinem Zen-Meister Joshu und sagte: »Ich bin gerade dieser Bruderschaft beigetreten und bin begierig darauf, das erste Prinzip der Zenlehre zu lernen. Wirst du mich unterrichten?«
»Hast du schon zu Abend gegessen?«, fragte Joshu.
»Ja, ich habe gegessen«, antwortete der Schüler.
»Dann wasch deine Schale!«, sagte der Meister.
So ist es auch mit dem Geheimnis benediktinischen Lebens: Das, was man tun muss, sollte man gut und sorgfältig tun! Dann wird das Gewöhnliche zum Außergewöhnlichen!

Gebet

Gott,
hilf uns, einen unvoreingenommenen Blick auf unsere täglichen Routinearbeiten zu werfen. Wir bitten dich um deine Hilfe, alle Aufgaben mit immer neuem Interesse und gut zu erfüllen.
Amen.

Anregung

Sprich das Vaterunser heute besonders behutsam. Lass es zu einem wirklich außergewöhnlichen Gebet werden!

Kapitel 42: Das Schweigen nach der Komplet

Aus der Benediktsregel

Immer müssen sich die Mönche mit Eifer um das Schweigen bemühen, ganz besonders aber während der Stunden der Nacht.

(Kapitel 42, Vers 1)

Betrachtung

Wir haben bereits über das Schweigen während des Tages gesprochen. Dieses Kapitel nun beschäftigt sich mit dem Schweigen am Ende des Tages. Gehst du abends in dein Zimmer und schaltest den CD-Player, das Radio oder den Fernseher an? Oder denkst du an Gott und schenkst ihm deinen Tag in Form eines kurzen und ruhigen Gebetes? »Danke für all das Schöne, was heute geschehen ist, und es tut mir Leid, wenn ich irgendwo nicht deinem Willen entsprechend gehandelt habe.« So oder ähnlich könnte ein solches Gebet lauten. Hast du dann Zeit zum Zuhören? Wenn du Gott etwas von deinem Schweigen schenkst, was wird er wohl daraus machen?

Im ersten Buch der Könige (1 Kön 19,11–13) liest man, dass Gott nicht wie ein Wirbelsturm, wie ein Erdbeben oder ein verzehrendes Feuer kommt. Gott kommt wie ein Säuseln, wie ein zarter Lufthauch. Jage ihn nicht mit Lärm davon!

Gebet

Jesus,
ich danke dir für den vergangenen Tag. Danke für all das Gute, das ich erfahren durfte. Es tut mir Leid, wenn ich Fehler gemacht oder jemanden verletzt habe. Beschütze mich im Schlaf und hilf mir, morgen nach deinem Willen zu leben.
Amen.

Kapitel 43: Die Bußen für Unpünktlichkeit

Der Gottesdienst in Klöstern und Konventen ist vor allem das Stundengebet, das in erster Linie aus dem Beten der Psalmen besteht. Es gab Zeiten, in denen täglich alle einhundertfünfzig Psalmen gebetet wurden. Heute betet man sie in einem Rhythmus von vier Wochen. Worum es hier geht, ist Folgendes: Wenn die Glocke zum Gebet ruft, gehorchen die Mönche und Nonnen sofort. Nichts war und ist so wichtig wie der Gottesdienst.

Aus der Benediktsregel

Hört man das Zeichen zum Gottesdienst, lege man sofort alles aus der Hand und komme in größter Eile herbei. ... Dem Gottesdienst soll nichts vorgezogen werden.

(Kapitel 43, Verse 1 und 3)

Betrachtung

»Sofort!«– wie oft ignorieren wir diese Aufforderung, weil wir schnell noch etwas fertig machen wollen. Wie oft kommen wir zu spät dorthin, wo wir sein sollten?
Wie wäre es, wenn wir das nächste Mal augenblicklich reagieren, wenn jemand zu uns sagt: »Jetzt!« oder »Sofort!« Machen wir, was sie sagen? Denken wir daran, dass die Mönche auf eine Glocke hören! Sie hat keine Gefühle und kann nicht bestrafen – und doch richten sich die Nonnen und Mönche nach ihr. Also beeile dich, damit du nicht wegen Zuspätkommens ermahnt wirst.
An dieses Kapitel sollte man sich besonders erinnern, wenn in der Schule eine Feuerwehrübung stattfindet ...

Gebet

Gott,
wir danken dir für deine Geduld. Mache uns bewusst, dass wir auf deinen Ruf antworten müssen, und mache uns bereit, auf dich und die Nöte der anderen zu achten.
Amen.

Aus der Benediktsregel

Kommt einer zu Tisch nicht vor dem Vers – denn alle sollen gemeinsam den Vers singen und beten und sich zusammen zu Tisch setzen ...
(Kapitel 43, Vers 13)

Betrachtung

Dass sich alle gleichzeitig im Speisesaal treffen, ist an einer Schule wohl kaum möglich. Aber beim Gottesdienst und bei der Kommunion können wir zusammen sitzen, beten, essen und trinken.
Christus ist der Mittelpunkt unserer Schule und im Gottesdienst gegenwärtig. Lassen wir diese Chance, an Christi Tisch zusammen zu sein, nicht ungenutzt. Gehen wir in den Gottesdienst! Lassen wir uns nicht von dem Gedanken abschrecken, das sei langweilig.
Ein Gottesdienst ist nicht als erheiternde Unterhaltung gedacht! Wir denken daran, dass Gottes Sohn sich in der Eucharistie uns selbst schenkt. Und nichts ist wichtiger, als für den Empfang Christi bereit zu sein!

Gebet

Jesus,
du gibst dich selbst in der Heiligen Kommunion. Warum sind wir nicht dort, um dich zu empfangen? Vergib uns, wenn wir an deinem Tisch eine Lücke lassen. Danke für deine Liebe und dein Sterben für uns. Erneuere in uns die Begeisterung für die Messe.
Amen.

Kapitel 44: Die Bußen der Ausgeschlossenen

Dieses Kapitel ist für Mönche geschrieben, die Fehler im Zusammenhang mit dem Gottesdienst begangen haben, indem sie zu spät in die Kirche, zu Mahlzeiten gekommen sind oder Ähnliches. Der zeitweise Ausschluss von der klösterlichen Mahlgemeinschaft ist im schulischen Zusammenhang mit dem Ausschluss vom Unterricht zu vergleichen.

Aus der Benediktsregel

... soll er dort zu Füßen aller liegen, die aus dem Oratorium kommen. Das tue er so lange, bis der Abt entscheidet, dass es genügt.
(Kapitel 44, Verse 2–3)

Betrachtung

Wenn eine Unterrichtsstunde durch einen zu spät kommenden Schüler gestört wird, ist das für alle Beteiligten ärgerlich – für den Lehrer ebenso wie für die übrigen Schüler. Es unterbricht den Gedankengang, hält andere vom Arbeiten ab und lenkt die Aufmerksamkeit weg von der Gruppe auf einen einzelnen Schüler hin. Wer ohne Not zu spät kommt, handelt egoistisch!
Trotz alledem kann der Lehrer die Benediktsregel hier natürlich nicht wörtlich nehmen und dem Übeltäter befehlen, sich an der Tür auf den Boden zu legen! Vielmehr muss er, auch wenn derjenige, der zu spät kommt, den Lernrhythmus unterbricht und den sorgfältig ausgedachten Stundenfortgang stört, gerecht und ruhig reagieren. »Nur in Ruhe und Umkehr liegt eure Rettung, nur Stille und Vertrauen verleihen euch Kraft«, heißt es bei Jesaja. (Jes 30,15)

Gebete

Gott,
du hast uns als Individuen geschaffen, aber manchmal müssen wir Teil einer Gruppe sein. Hilf uns, dass wir in der Klasse lernen und arbeiten und uns selbst und andere nicht ablenken.
Amen.

Wir beten für unsere Lehrer. Danke für ihr Wissen und ihre Fähigkeiten. Wir danken dir für die Sorgfalt, mit der sie die Stunden vorbereiten und unsere Arbeiten korrigieren.
Amen.

Aus der Benediktsregel

Wer aber für ein leichtes Vergehen nur vom Tisch ausgeschlossen ist, soll im Oratorium Buße tun, solange der Abt es befiehlt. Das muss er tun, bis der Abt den Segen gibt und sagt: Genug.

(Kapitel 44, Verse 9-10)

Betrachtung

Eine der Besonderheiten der Benediktsregel ist Folgende: Immer wenn es darum geht, dass jemand einen Fehler begangen hat, heißt es, er solle zur Kapelle gehen, um Gott aufzusuchen und ihn um Vergebung zu bitten. Vielleicht denken selbst die größten Sünder in der Stille der Kapelle und im Angesicht Christi über ihre Taten nach. Bedenken wir, dass der Sünder nach vollzogener Buße gesegnet wird. Gott hegt keinen Groll – und auch wir sollten nicht nachtragend sein.

Gebet

Gott, du bist ein gerechter Richter;
Jesus, du bist ein wahrer Freund.
Warum lassen wir dich so oft im Stich?
Es ist erstaunlich, dass du uns immer vergibst.
Hilf uns, dass wir stärker versuchen, nach deinem Willen zu leben.
Dank sei dir.
Amen.

Kapitel 45: Die Bußen für Fehler im Oratorium

In diesem kurzen Abschnitt äußert sich Benedikt sehr deutlich über mangelnde Konzentration beim Singen von Psalmen, beim Antwortgesang und bei den Lesungen im Gottesdienst. Er fügt hinzu, dass junge Leute für jeden Fehler in dieser Hinsicht bestraft werden sollten!

Aus der Benediktsregel

Wer beim Vortrag eines Psalmes, eines Responsoriums, einer Antiphon oder einer Lesung einen Fehler macht und sich nicht gleich vor allen demütigt und so Buße tut, den treffe eine schwere Strafe. Knaben aber erhalten für eine solche Verfehlung Rutenschläge.

(Kapitel 45, Verse 1 und 3)

Betrachtung

Diese Bestimmung ist sehr hart gegenüber den Kindern. Wenn du das nächste Mal zurechtgewiesen wirst, weil du nicht dein Bestes gegeben hast oder weil du unaufmerksam warst, sei dankbar, dass du nicht im 6. Jahrhundert lebst.

Dieser Abschnitt veranschaulicht, welch große Bedeutung der heilige Benedikt der Konzentration im Gottesdienst zuschreibt: Wir sollen mit Ehrfurcht und Sorgfalt lesen und zuhören. Wie sonst sollten wir erfahren, was Gott zu uns sagt? Wie oft vergessen wir die Antwort auf einen Psalm?

Zur Zeit Benedikts war es üblich, Kinder zur Erziehung in ein Kloster zu schicken. Einige von ihnen wurden schließlich sogar Mönche oder Nonnen. Von den Kindern wurde ebenso wie von den Erwachsenen erwartet, dass sie ihre volle Aufmerksamkeit auf die Gottesdienste richteten.

Gebet

Herr,
vergib uns unsere Unachtsamkeit während des Betens. Wir alle erwarten, dass man uns zuhört, wenn wir sprechen. Wie können wir jemandem gegenüber nicht respektvoll sein, der uns so sehr liebt?
Amen.

Kapitel 46: Die Bußen für andere Verfehlungen

Wir scheinen im Moment nur noch von Fehlern und falschem Verhalten zu reden. Aber wenn wir ehrlich sind, müssen wir zugeben, dass wir auch ständig Fehler begehen. Wir benötigen alle Hilfe, die wir kriegen können, und wir sollten diese Hilfe zu schätzen wissen.

Aus der Benediktsregel

Wenn jemand bei irgendeiner Arbeit, in der Küche, im Vorratsraum, bei einem Dienst, in der Bäckerei, im Garten, bei der Ausübung eines Handwerks oder sonst irgendwo einen Fehler macht ...

(Kapitel 46, Vers 1)

Betrachtung

Überall passieren Fehler. Doch das ist nicht der springende Punkt. Worum es hier geht, ist Folgendes: Wenn Fehler gemacht werden, ist jemand dafür verantwortlich. Es gibt keinen Herrn Niemand und keine Frau Niemand in Klöstern oder in Schulen!
Wenn wir unsere Fehler erkennen und einsehen, nennt man das »Verantwortlichkeit«. Wer einen Fehler gemacht hat, weiß normalerweise, wie es dazu gekommen ist, und kann Rechenschaft ablegen.
Dies ist eine gute Gelegenheit, in Stille darüber nachzudenken, was wir über uns selbst wissen. Fragen wir uns, wie wir mit diesem Wissen umgehen.

Gebet

Gott,
ich habe gerade über mich selbst nachgedacht. Du weißt, was ich denke. Du weißt auch, was ich vor mir selbst und vor anderen eingestehe und was ich lieber verberge. Hilf mir, immer aufrichtig zu mir selbst und zu dir zu sein, denn deine Liebe ist größer als alle Fehler, die ich begehe.
Dir sei Dank, Gott.
Amen.

Aus der Benediktsregel

Wenn jemand ... etwas zerbricht oder verliert oder irgendwo etwas anderes verschuldet und nicht unverzüglich kommt, um von sich aus vor Abt und Gemeinschaft Buße zu tun und seinen Fehler zu bekennen, sondern wenn sein Fehler durch einen anderen bekannt wird, dann treffe ihn eine schwere Strafe.

(Kapitel 46, Verse 2–4)

Betrachtung

Wenn wir etwas falsch gemacht haben, können wir das nicht mit einem »Das macht nichts«, »Andere tun das doch auch« oder einem »Es ist nicht wichtig« abtun. Alles, was wir tun, ist wichtig, weil es nicht nur uns selbst betrifft, sondern auch die Gemeinschaft. Niemand lebt und arbeitet alleine für sich. Was wir tun, ob wir richtig oder falsch handeln, ist wichtig. Und wir alle kennen den Unterschied.

Gebet

Gott, du Schöpfer,
man sagt, dass selbst der Flügelschlag eines Schmetterlings eine weit reichende Wirkung hat. Wie viel mehr beeinflussen wir, wenn wir laufen, sprechen, arbeiten und in dieser Gemeinschaft leben? Hilf jedem von uns zu erkennen, wie sehr wir uns gegenseitig beeinflussen, und hilf uns, rücksichtsvoll zu sein.
Amen.

Aus der Benediktsregel

Handelt es sich aber um eine in der Seele verborgene Sünde, eröffne er sie nur dem Abt oder einem der geistlichen Väter, der es versteht, eigene und fremde Wunden zu heilen, ohne sie aufzudecken und bekannt zu machen.

(Kapitel 46, Verse 5–6)

Betrachtung

Der heilige Benedikt ist ausgesprochen verständnisvoll, besonders in schwierigen Situationen. Es tut gut, wenn man seine Sorgen – auch die um eigenes Versagen – teilen kann. Geben wir zuerst unsere Schwierigkeiten uns selbst gegenüber zu, dann können wir entscheiden, mit wem wir darüber reden wollen.

Unser Gesprächspartner sollte jemand sein, der uns leiten und raten kann. Es sollte jemand Zuverlässiges sein, damit du darauf vertrauen kannst, dass der Betreffende dein Geheimnis für sich behält und es allenfalls dann, wenn er sich selbst nicht in der Lage sieht, dir zu helfen oder zu raten, einer anderen, ebenso vertrauenswürdigen Person weitersagt.

In diesem Zusammenhang kann über die Arbeit der Schulseelsorge und über die Beichte, das Sakrament der Versöhnung gesprochen werden.

Gebet

Jesus,
wir bitten um den Mut, den Dingen in unserem Leben ins Auge zu sehen, die geändert werden müssen. Hilf uns, einen verständnisvollen Menschen zu finden, der uns zuhört, jemanden, der uns besondere Aufmerksamkeit schenken kann.
Amen.

Zum Nachdenken

Beachte, dass der heilige Benedikt das Wort »heilen« benutzt. Bestrafung dient der Heilung, ihr Sinn ist es nicht, Druck auszuüben oder jemanden zu demütigen.

Kapitel 47: Das Zeichen zum Gottesdienst

Gottesdienst, Gebet. In einer christlichen Gemeinschaft gibt es nichts Wichtigeres als das Gebet. Das Gebet hält die Gemeinschaft zusammen und gibt ihr Leben und Bedeutung. Wenn keine Zeit für das Gebet bleibt, wird sich die Gemeinschaft schnell auflösen.

Aus der Benediktsregel

Die Zeit zum Gottesdienst am Tage und in der Nacht anzukündigen sei Sorge des Abtes. Er gebe selbst das Zeichen oder übertrage die Sorge dafür einem gewissenhaften Bruder, damit alles zur rechten Zeit geschieht.

(Kapitel 47, Vers 1)

Betrachtung

Das regelmäßige Gebet ist so wichtig, dass wir jeden Tag von einer älteren Person daran erinnert werden sollten zu beten. Die Menschen sind sehr beschäftigt, das hören wir immer wieder. Wenn wir doch mit Beten beschäftigt wären!
Ich habe einmal eine Schule in Chile besucht. Als ich mich gerade mit der Direktorin in ihrem Büro unterhielt, läutete die Glocke zum Gebet. Die Direktorin bat mich, sie zu begleiten. Gemeinsam gingen wir zur Kapelle, wo sich schon viele Schüler und Angestellte versammelt hatten, um zusammen zu beten, bevor sie zum Mittagessen gingen. Wie viele von uns halten eine solche feste Gebetszeit für angemessen?
Es gibt eine alte, klösterliche Übung, die »Lectio Divina« genannt wird – geistliche Lesung, ein Mittel, wodurch das Gebet zum Herz einer Gemeinschaft gebracht wird. Mehr über diese wichtige Übung folgt am Ende dieses Buches.

Gebet

Gott,
wir beten nicht genug. Hilf uns, die Zeit, die wir mit dir verbringen, zu überdenken. Es muss uns doch seltsam erscheinen, dass du alle Fragen beantworten kannst und wir dennoch nicht daran interessiert zu sein scheinen, mit dir ins Gespräch zu kommen.
Amen.

Kapitel 48: Die Ordnung für Handarbeit und Lesung

In der Benediktsregel bildet der Grundsatz »bete und arbeite« die zwei Seiten einer Münze. Hier herrscht ein Gleichgewicht, wie auch in unserem Leben das Verhältnis von Studieren und Arbeiten ausgeglichen sein sollte.

Aus der Benediktsregel

Müßiggang ist der Seele Feind. Deshalb sollen die Brüder zu bestimmten Zeiten mit Handarbeit, zu bestimmten Stunden mit heiliger Lesung beschäftigt sein.

(Kapitel 48, Vers 1)

Betrachtung

Es ist nicht gut, sich den ganzen Tag einer einzigen Tätigkeit zu widmen und nur zu beten, nur zu arbeiten, nur zu lernen oder nur zu spielen. Um ein ausgeglichenes Leben führen zu können, sollten wir uns unsere verschiedenen Beschäftigungen einteilen. In der Schule regelt das unser Stundenplan. Allerdings lässt dieser uns gewöhnlich kaum Zeit zum Beten. Deshalb müssen wir uns dafür selbst eine bestimmte Zeit setzen.
Nonnen und Mönche werden durch ein Glockensignal daran erinnert, wenn es Zeit zu beten ist. Schulen besitzen Glocken oder einen Gong, um den Stundenwechsel anzukündigen. Warum existiert keine Glocke, die die Schüler zum Gebet ruft?

Gebet

Jesus,
als junger Mann hast du als Zimmermann gearbeitet. Beendet hast du dein kurzes Leben als Heiler und Lehrer. Gott hast du dabei nie vergessen. Hilf uns, auch an arbeitsreichen Tagen durch Gebete zurück zu Gott, unserem Vater, zu finden.
Amen.

Aus der Benediktsregel

... verrichten sie morgens nach der Prim bis ungefähr zur vierten Stunde die notwendigen Arbeiten. Von der vierten Stunde aber bis zur Sext sollen sie frei sein bis zur Lesung. Nach der Sext und der Mahlzeit sollen sie unter völligem Schweigen auf ihren Betten ruhen. Will aber einer für sich lesen, dann lese er so, dass er keinen anderen stört. Die Non werde früher gehalten, zur Mitte der achten Stunde; dann gehen sie bis zur Vesper wieder an ihre Arbeit. Alles aber geschehe der Kleinmütigen wegen maßvoll.

(Kapitel 48, Verse 3–6 und 9)

Betrachtung

Dies ist eine Kurzfassung von dem, was der heilige Benedikt für den Tagesablauf eines Klosters im Sommer vorgeschlagen hat. Obwohl der Text recht ausführlich ist, können die Anweisungen Benedikts durchaus flexibel gehandhabt werden. Zum Beispiel wird heutzutage sechs Uhr früh als erste Stunde des Tages festgelegt. Zu Benedikts Zeit, also vor der Erfindung der Uhr, war man weniger genau.
Auffallend ist, dass Benedikt dem Lesen einen relativ hohen Stellenwert im Ablauf des Arbeitstags zugeteilt hat.
Im abschließenden Satz über die Mäßigung weist der heilige Benedikt erneut auf das nötige Gleichgewicht in unserem Leben hin. Hausaufgaben und Sport, Chor und Feten und auch alles andere sollte sich stets die Balance halten. Man sollte nichts übertreiben.

Gebet

Jesus,
wir neigen dazu, manche Dinge zu übertreiben und geraten aus dem Gleichgewicht. Hilf uns, einen Sinn für die Ausgeglichenheit in unserem Leben zu entwickeln, indem wir sowohl an die Dinge denken, die wir erledigen müssen, als auch an die, die wir erledigen wollen.
Amen.

Aus der Benediktsregel

Vor allem bestimme man einen oder zwei Ältere, die zu den Stunden, da die Brüder für die Lesung frei sind, im Kloster umhergehen. Sie müssen darauf achten, ob sich etwa ein träger Bruder findet, der mit Müßiggang oder Geschwätz seine Zeit verschwendet, anstatt eifrig bei der Lesung zu sein; damit bringt einer nicht nur sich selbst um den Nutzen, sondern lenkt auch andere ab. Wird ein solcher, was ferne sei, ertappt, werde er einmal und ein zweites Mal zurechtgewiesen. Bessert er sich nicht, treffe ihn die von der Regel vorgesehene Strafe so, dass die anderen sich fürchten. Überhaupt darf ein Bruder mit einem anderen nur in den vorgesehenen Stunden zusammen sein.

(Kapitel 48, Verse 17–21)

Betrachtung

Das sollte uns an uns selbst erinnern: Was geschieht, wenn wir selbstständig arbeiten sollen? Wir beginnen zu reden, stecken unsere Nachbar an und niemand kommt mit seiner Arbeit voran. Dasselbe Problem hatte Benedikt mit seinen Mönchen vor tausendfünfhundert Jahren. Arbeit ist wichtig, Reden ist wichtig, gemeinsam zu lachen ist besonders wichtig. Doch alles zu seiner Zeit. Wir alle wissen, wann für was der richtige Moment ist.

Heute wollen wir versuchen, alles zur rechten Zeit und am rechten Ort zu erledigen. Gelingt uns das, können wir einen erfüllten Tag verbringen.

Gebet

Gott,
für alles gibt es einen passenden Zeitpunkt und einen passenden Ort. Bitte hilf uns heute, das Richtige zu tun. Wir danken dir dafür.
Amen.

Aus der Benediktsregel

Kranken oder empfindlichen Brüdern werde eine passende Beschäftigung oder ein geeignetes Handwerk zugewiesen; sie sollen nicht müßig sein, aber auch nicht durch allzu große Last der Arbeit erdrückt oder sogar fortgetrieben werden. Der Abt muss auf ihre Schwäche Rücksicht nehmen.

(Kapitel 48, Verse 24–25)

Betrachtung

Hier können wir etwas lernen über den Wert eines jeden Mitglieds der Gemeinschaft. Schätzen wir unsere Mitschüler dafür, dass sie uns ein gutes Beispiel geben? Schätzen wir die Betreuer, die uns in der Mittagspause beaufsichtigen? Schätzen wir unseren Busfahrer, das Putzpersonal oder den Hausmeister?

Wenn wir die Existenz einer jeden Person für selbstverständlich auffassen, erniedrigen wir ein Geschöpf, dass Gott so sehr liebt, dass er bereit wäre, für es zu sterben. Anstatt immer nur auf die Fehler anderer zu blicken, sollten wir uns auf die Suche nach Christus in unseren Mitmenschen machen. Wenn uns das gelingt, können wir auch unsere Schule in einem einzigen Tag verändern.

Gebet

Jesus,
du hast dich für die Menschen geopfert, die ich nicht mag.
Du hast dein Leben auch für den Geringsten unter uns hingegeben.
Du starbst für denjenigen, der nach uns alles wieder aufräumen muss.
Jesus, niemand hat das Recht, deine Freunde abwertend zu behandeln.
Vergib uns unsere Schuld
und verwandle uns und unsere Gesellschaft.
Amen.

Anregung

Wir müssen Wege finden, unseren Mitmenschen zu zeigen, dass wir sie respektieren. Wir sind alle Kinder Gottes und haben einen Anspruch auf Respekt. Auch mit den einfachen Dingen respektvoll umgehen: Tische, Stühle, Bücher, die gesamte Ausstattung sollten wir behandeln, als seien es wertvolle Besitztümer.
Der heilige Benedikt fordert, dass alles, was unser Leben bereichert, mit derselben Sorgfalt behandelt wird wie die heiligen Gefäße im Gottesdienst.

Kapitel 49: Die Fastenzeit

Wären wir perfekte Christen, wäre die Fastenzeit für uns völlig überflüssig. So aber brauchen wir diese Wochen, um uns immer wieder darauf zu besinnen, wie ein christliches Leben eigentlich aussehen sollte.
In der Fastenzeit sollten wir uns sowohl als Einzelpersonen als auch als Gemeinschaft besonders anstrengen. Vielleicht hilft es uns, wenn wir in der Klasse einander darin unterstützen, unsere Vorsätze für die Fastenzeit einzuhalten.
Vor allem ist es wichtig, dass wir nicht aufgeben, wenn es uns einmal nicht gelingt, unseren Vorsatz einzuhalten, sondern den Mut haben, immer wieder neu zu beginnen.

Aus der Benediktsregel

Der Mönch soll zwar immer ein Leben führen wie in der Fastenzeit. Dazu aber haben nur wenige die Kraft. Deshalb raten wir, dass wir wenigstens in diesen Tagen der Fastenzeit in aller Lauterkeit auf unser Leben achten.

(Kapitel 49, Verse 1–2)

Betrachtung

In der Fastenzeit können wir all den Unrat, der sich im Laufe des Jahres angesammelt hat und der uns von Gott trennt, loswerden. Stellen wir uns einen Schrank vor, der so mit allem möglichem Kram voll gestopft ist, dass wir nicht mehr genau wissen, was sich alles darin befindet. Es wird also Zeit, den Inhalt zu sichten und Überflüssiges auszusortieren. Möglicherweise stoßen wir ganz hinten im Schrank auf Gott.

Es gab einmal einen Zen-Meister, zu dem ein Fremder kam und alles über Zen wissen wollte. Doch anstatt zuzuhören, erzählte der Besucher pausenlos über sich selbst. Der Zen-Meister servierte den Tee und schenkte ihm die Tasse so voll, dass sie überlief. Auf die Frage seines Gastes, was der Grund für diese Geste sei, antwortete er: »Du bist mit deinen eigenen Ideen ebenso angefüllt wie diese Tasse. Wie kannst du von mir erwarten, dass ich dir etwas über Zen beibringe, bevor du deinen Tasse nicht geleert hast?«

Gebet

Herr,
lass uns während der Fastenzeit all das, was uns den Weg zu dir versperrt, aus unserem Innern verbannen. Hilf uns, unser Leben und unsere Zeit so einzuteilen, dass wir immer Raum für dich haben.
Amen.

Aus der Benediktsregel

Gehen wir also in diesen Tagen über die gewohnte Pflicht unseres Dienstes hinaus durch besonderes Gebet und durch Verzicht beim Essen und Trinken.

(Kapitel 49, Vers 5)

Betrachtung

In der Fastenzeit geht es nicht nur darum, auf etwas zu verzichten. Die Fastenzeit sollte für uns ein Anstoß sein, etwas Außergewöhnliches zu tun. Selbstverständlich fällt es uns leicht, auf etwas zu verzichten, dass wir nicht mögen – wie zum Beispiel ein Gemüse, das uns sowieso nicht schmeckt!
Aber welchen Effekt würde das auf uns schon haben?
Im Verzicht sollen wir lernen, uns selbst zu disziplinieren, darum sollten wir etwas in Betracht ziehen, worauf zu verzichten uns tatsächlich schwer fällt. Wie wäre es mit dem Fernsehen? Unmöglich? Aber bedenke all die freie Zeit, die dir ohne das Fernsehen zur Verfügung stehen würde, um etwas anderes zu tun ...
Der Begriff »Disziplin« kommt von dem lateinischen Wort »discipulus« (Schüler). Wir können viel lernen, wenn jemand von uns Disziplin verlangt. Aber noch mehr für unsere Persönlichkeitsentwicklung lernen wir, wenn wir in der Lage sind, uns selbst zu disziplinieren.

Gebet

Herr,
es lassen sich viele Ausflüchte finden, um zu begründen, warum wir in der Fastenzeit auf nichts verzichten. Hilf uns, unseren inneren Schweinehund zu überwinden, damit wir in der nächsten Fastenzeit auf etwas verzichten können, was uns wichtig ist. Lehre uns so, uns selbst zu disziplinieren, damit wir nicht mehr jedem unserer Bedürfnisse augenblicklich nachgeben.
Amen.

Aus der Benediktsregel

... er entziehe seinem Leib etwas an Speise, Trank und Schlaf und verzichte auf Geschwätz und Albernheiten. Mit geistlicher Sehnsucht und Freude erwarte er das heilige Osterfest.

(Kapitel 49, Vers 7)

Betrachtung

Wir müssen uns nur entscheiden: Wollen wir diesem Gebot folgen oder nicht? Wenn wir insgeheim denken, dass eine solche Abstinenz nur für Mönche und Nonnen gedacht ist, entziehen wir uns der Verantwortung, die wir als Christen tragen.
Viele Benediktinerinnen und Benediktiner glauben, dass sich die Regel des heiligen Benedikt auch an Laien richtet. Damit sind wir gemeint! Wenn wir so sein wollen, wie Gott uns Menschen gewollt hat, müssen wir auch Anstrengungen in Kauf nehmen.

Gebet

Hilf uns,
Herr unser Schöpfer,
dass wir nicht versuchen, der Erkenntnis zu entfliehen,
dass wir nach deinem Willen das Beste aus uns machen sollen.
Dazu brauchen wir dich.
Danke, dass du uns das Leben geschenkt hast.
Hilf uns, dass wir dieses Leben erfüllen mit dem Guten
und dem Wahren.
Amen.

Anregung

Wenn wir etwas geloben wollen, sollten wir uns das vorher gut überlegen. Gerade in der Fastenzeit kann es uns helfen, über unsere Versprechen nachzudenken und sie dann niederzuschreiben. Die Zettel können wir dann in einer Schachtel in der Kapelle ablegen. Möglicherweise kann das sogar im Rahmen eines Gottesdienstes geschehen, um so die hohe Bedeutung unserer Vorsätze zu bekräftigen.

Während der Fastenzeit werde ich versuchen,

- etwas für Gott zu tun ...
- etwas für meine Mitmenschen zu tun ...
- etwas zu tun, um mich selbst zu verbessern ...
- ...

Kapitel 50: Gebetszeiten außerhalb des Klosters

Ein altes Sprichwort aus dem Orient lautet: »Die Not mag die Richtung ändern, das Ziel ändert sie nie.«
Ich will es mit meinen Worten sagen: Ein Fußballspieler kann für unterschiedliche Mannschaften verpflichtet werden, aber seine Aufgabe ist und bleibt es, Tore zu schießen – egal, zu welcher Mannschaft er gehört.

Aus der Benediktsregel

Wenn Brüder sehr weit entfernt arbeiten, nicht zur rechten Zeit zum Oratorium kommen können und wenn der Abt festgestellt hat, dass es wirklich so ist, dann müssen sie den Gottesdienst an ihrem Arbeitsplatz halten. Mit Ehrfurcht sollen sie vor Gott die Knie beugen. Auch die Brüder, die auf Reisen geschickt werden, übergehen die festgesetzten Gebetsstunden nicht; sie feiern diese für sich, so gut sie können. Sie sollen nicht versäumen, die Pflicht ihres Dienstes zu erfüllen.

(Kapitel 50, Verse 1–4)

Betrachtung

In den bisherigen Kapiteln hat der heilige Benedikt klare Anweisungen über Arbeit und Gebet und über die Zeit, wann beides zu verrichten ist, gegeben. Das gilt auch für Mönche, die sich außerhalb des Klosters befinden. Auf den Schulalltag bezogen, heißt das: Das Fernbleiben von der Schule kann keine Entschuldigung dafür bieten, faul zu sein und die Arbeit zu vernachlässigen. Wenn du dir beispielsweise während der Schulzeit freinehmen musst, so frage deine Lehrer, wie du am besten den Anschluss an die Klasse halten kannst, während du weg bist. Sei dir dessen bewusst, dass die Schulgemeinschaft unvollständig ist, wenn du nicht da bist. Du bist wichtig! Denk also auch daran, für diejenigen zu beten, die dageblieben sind.

Gebet

Jesus,
es hat Augenblicke gegeben, in denen du von deinen Jüngern getrennt warst. Hilf uns, auch dann an unsere Pflicht zu denken, wenn wir aus irgendwelchen Gründen der Schule fernbleiben müssen. Hilf uns zu bedenken, dass jeder von uns ein wichtiges Mitglied der Gemeinschaft ist.
Amen.

Kapitel 51: Mahlzeiten außerhalb des Klosters

Aus der Benediktsregel

Wird ein Bruder zu einer Besorgung ausgeschickt und ist zu erwarten, dass er am gleichen Tag ins Kloster zurückkehrt, darf er sich nicht herausnehmen, draußen zu essen, auch wenn ihn jemand sehr dazu drängt, es sei denn, sein Abt habe ihm die Erlaubnis gegeben. Handelt er anders, werde er ausgeschlossen.

(Kapitel 51, Verse 1–3)

Betrachtung

Dieses Kapitel mag harsch erscheinen. Aber ob wir nun in unserer Gemeinschaft sind oder – aus welchen Gründen auch immer – uns außerhalb unserer Schule aufhalten, wir gehören immer noch zur Schule. Darum fällt alles, was wir tun, Positives wie Negatives, auf unsere Schule zurück. Wir sollten nichts tun, was unserem Ruf oder dem Ruf unserer Schule schadet.

Als Christen können wir nicht aus unserer Gemeinschaft austreten, wenn wir erst einmal eingetreten sind! Unser christliches Leben beginnt nicht mit der Taufe und endet nicht mit der Firmung. Es hält ein ganzes Leben.

Gebet

Gott,
mit der Taufe wurden wir Mitglieder deiner Familie. Du nennst uns deine Kinder. Wir sind Jesu Brüder und Schwestern. Warum vergessen wir so oft unsere christlichen Familienbande? Hilf uns, wieder nach Wegen zu suchen, dir nahe zu kommen und dich in unserem Leben wirken zu lassen.
Amen.

Kapitel 52: Das Oratorium des Klosters

Das Oratorium ist eine kleine Kirche innerhalb des Klosters.

Aus der Benediktsregel

Das Oratorium sei, was sein Name besagt, Haus des Gebetes. Nichts anderes werde dort getan oder aufbewahrt.

(Kapitel 52, Vers 1)

Betrachtung

Falls es in der Schule eine Kapelle gibt, ist es unglaublich wichtig, dass sie als heiliger Ort bewahrt wird. Es gibt eigene Räume für das Gespräch, für die Arbeit, für die Mahlzeiten. Die Kapelle ist nicht der Ort dafür. Sie ist ein Ort, der Gott geweiht ist. Wir räumen Gott doch so schon nur recht wenig Platz ein in unserem mit den unterschiedlichsten Beschäftigungen ausgefüllten Tag. Dieser eine Ort sollte für Gott allein reserviert werden.

Manchmal ist die Kapelle ein eigens dafür gebauter Ort, manchmal auch nur ein von einem Klassenzimmer abgetrennter Raum. Man darf sich nicht dazu verführen lassen, das Haus Gottes für andere Zwecke zu nutzen. Ich kann mich an eine Kapelle erinnern, in der vor einer Klassenfahrt Gepäck abgestellt wurde!

Vielleicht glauben die Leute, dass die Kapelle gefüllt werden muss, weil sie so leer ist. Ja, das ist richtig! Sie soll mit betenden Menschen gefüllt werden. Die Kapelle ist ein heiliger Ort. Wir sprechen in der Kapelle mit niemandem – außer mit Gott.

Gebet

Gott,
hilf uns zu erkennen, dass ein dir geweihter Raum ein heiliger Ort ist. Lass uns deine Gegenwart in unserem Leben und in unserer Kapelle und in jedem anderen Raum, der dir geweiht ist, spüren.
Amen.

Aus der Benediktsregel

Nach dem Gottesdienst gehen alle in größter Eile hinaus und bezeugen Ehrfurcht vor Gott. So wird ein Bruder, der noch für sich alleine beten möchte, nicht durch die Rücksichtslosigkeit eines anderen daran gehindert.

(Kapitel 52, Verse 2–3)

Betrachtung

Da wir die Kapelle einen »heiligen Ort« nennen, sollten wir dort auch ein solches Maß an Ehrfurcht verspüren, dass niemand den Frieden und die Ruhe, die in ihr herrschen, stört. Wer jedoch nicht erkennt, dass die Kapelle ein heiliger Raum ist, wird wohl auch nicht die Notwendigkeit sehen, in ihr Stille zu bewahren.

Wenn man die Kapelle wie ein Klassenzimmer behandelt, in dem Notizblöcke gezückt und Arbeitsblätter ausgegeben werden, wird sie tatsächlich zu einem Klassenzimmer. Dabei ist es wichtig, dass wir uns in der Kappelle ehrfürchtig verhalten. Indem wir dort still sitzen und zuhören, können wir einen heiligen Raum schaffen, in dem die Stimme Gottes zu hören ist.

Gebet

Gott,
ich komme an den Ort deiner wahren Gegenwart und stehe auf geheiligtem Boden. Ich komme, um dir zuzuhören und dir etwas Zeit und Platz in meinem täglichen Leben zu geben.
Amen.

Anregung

Bleibe alleine zurück, nachdem alle anderen die Kapelle verlassen haben, und sprich das oben stehende Gebet. Verbleibe still in der Gegenwart Gottes und sei dir sicher, dass es Gott gefällt, dass du geblieben bist.

Kapitel 53: Die Aufnahme von Gästen

Dies ist eines der wichtigsten Kapitel der Regel. Es ist einfach zu lesen und zu verstehen, aber möglicherweise ist es das Kapitel, das am schwersten umzusetzen ist. Wenn sich aber jeder in der Gemeinschaft danach verhält, wird es einen unglaublichen Effekt haben, sowohl auf die Gemeinschaft selbst als auch auf den Ruf der Gemeinschaft nach außen.

Wird das Gebot der Gastfreundschaft aber ignoriert, können die Konsequenzen verheerend sein. Denke daran, dass sich schlechte Nachrichten viel schneller verbreiten als gute. Einen Besucher unangenehm zu überraschen kann großen Schaden verursachen.

Aus der Benediktsregel

Alle Fremden, die kommen, sollen aufgenommen werden wie Christus: denn er wird sagen (Mt 25,35): »Ich war fremd und ihr habt mich aufgenommen.« Allen erweise man die angemessene Ehre.

(Kapitel 53, Verse 1–2)

Betrachtung

Auch wenn wir in einer Schule und nicht in einem Kloster sind: Wir können nicht behaupten, dass die Regel der Gastfreundschaft nicht für uns gilt. Benedikt begründet seine Regel mit der Heiligen Schrift. Jesus ist es also, der uns sagt, wie man Gäste empfängt: »Was ihr dem Geringsten meiner Brüder getan habt, das habt ihr mir getan.« (Mt 25,40)
Darum behandle jeden Menschen so, als sei er Christus, nicht nur, wenn du ihn sympathisch findest oder es sich bei dem Gast um einen Bischof oder irgendjemand Berühmten handelt. Jeder Gast soll so geachtet werden, als sei er Christus. Niemand darf grob oder mit zu wenig Aufmerksamkeit behandelt werden.

Gebet

Gott, unser Schöpfer,
nach deinem Ebenbild hast du uns geschaffen. Trotzdem behandeln wir einander manchmal schlecht. Hilf uns, im anderen stets nach Christus zu suchen und ihn demgemäß anzusprechen und zu behandeln. Gib uns die Geduld, dies heute zu versuchen.
Amen.

Aus der Benediktsregel

Sobald ein Gast gemeldet wird, sollen ihm daher der Obere und die Brüder voll dienstbereiter Liebe entgegeneilen. Zuerst sollen sie miteinander beten und dann als Zeichen der Gemeinschaft den Friedenskuss austauschen.

(Kapitel 53, Verse 3-4)

Betrachtung

Einen Augenblick! Solch eine überschwängliche Begrüßung wird viele Besucher wohl dazu bringen, auf dem Absatz kehrtzumachen und direkt zum Ausgang zu stürzen! Außerdem müssen sich an manchen Schulen die Besucher aus Sicherheitsgründen anmelden und bekommen dann ein Namensschild. Diese Praxis ist an deutschen Schulen – glücklicherweise – bisher noch kaum erforderlich.
Dennoch kann es sinnvoll sein, auch an Schulen, wo dies nicht aus Sicherheitsgründen nötig ist, ein solches Namensschild einzuführen. Wir könnten unsere Gäste dann nicht nur im Sinne des heiligen Benedikt willkommen heißen, sondern jeder Schüler und jeder Lehrer könnte den Besucher mit seinem Namen ansprechen. Aus dem Unbekannten wird so ein Gast. Die Aufschrift eines solchen Namensschildes könnte lauten: »Heute, am ..., begrüßen wir im Namen Christi ... als unseren Gast. PAX.« Pax ist das Motto benediktinischer Gemeinschaften; es bedeutet »Frieden«.

Gebet

Im Namen Jesu bitten wir den heiligen Benedikt, dass er bei uns sei, wenn wir an unserer Schule Gäste begrüßen. Hilf uns, dass wir uns der Liebe Christi würdig erweisen und Besuchern das Gefühl geben, dass sie zu einem Ort kommen, wo Christus und sein Evangelium wahrhaftig lebendig werden.
Amen.

Aus der Benediktsregel

Allen Gästen begegne man bei der Begrüßung und beim Abschied in tiefer Demut. ... Das Fasten breche der Obere dem Gast zuliebe. ... Der Abt gieße den Gästen Wasser über die Hände; Abt und Brüder zusammen sollen allen Gästen die Füße waschen.

(Kapitel 53, Verse 6, 10 und 12-13)

Betrachtung

Christus lebt in jedem von uns. Hier wird auf die Heilige Schrift Bezug genommen: Der Abt verrichtet die erniedrigende Fußwaschung, die Christus einst bei seinen Jüngern vorgenommen hat.
Sind wir in unserer Beziehung zu anderen ebenso bescheiden? Behandeln wir andere im Gespräch so wertschätzend, wie Christus es tat? Es wäre gut, wenn wir einander bescheiden und ruhig verbessern könnten, falls wir sehen, dass jemand nicht im christlichen Sinne behandelt wird. Wir alle machen früher oder später Fehler, wir alle brauchen Hilfe. Wenn wir wollen, dass das Zusammenleben in unserer Gemeinschaft angenehmer wird, müssen wir bereit sein, einander zu ermahnen und uns ermahnen zu lassen.

Gebet

Wir sind nach deinem Bild geschaffen, Herr, aber manchmal sind wir nur schlechte Abbilder. Wir bitten um deine Hilfe, dass wir einander in freundlicher Art und Weise verbessern. Als christliche Gemeinschaft bitten wir dich darum, weil wir so lernen, über deine Gebote und vor allem über deine Liebe nachzudenken.
Amen.

Aus der Benediktsregel

Vor allem bei der Aufnahme von Armen und Fremden zeige man Eifer und Sorge, denn besonders in ihnen wird Christus aufgenommen.
(Kapitel 53, Vers 15)

Betrachtung

In diesem Kapitel geht der heilige Benedikt weitaus mehr ins Detail als zum Beispiel in dem Kapitel über das richtige Benehmen in der Kirche. Dies ist ein etwas unbehagliches Kapitel, weil es von uns verlangt, christliche Tugenden kritisch in den Blick zu nehmen.
Es ermahnt uns, im Zweifel mehr Demut und Mitleid gegenüber Außenseitern zu zeigen. Stellen wir uns vor, was passieren würde, wenn ein armer Landstreicher auf dem Gelände unserer Schule auftauchen würde. Jemand tritt auf ihn zu und will ihn fortschicken. Der Landstreicher versucht zu sagen: »Ich habe bereits benediktinische Gemeinschaften besucht und immer haben sie ...« Aber ihm wird entgegnet: »Entschuldige mein Freund, dies ist eine Schule. Verschwinde, bevor wir die Polizei rufen!«
Ich hatte das Glück, nein die Ehre, benediktinische Gemeinschaften in den verschiedensten Ländern zu besuchen. Stets war ich beeindruckt von der großartigen Gastfreundschaft, die ich erfahren durfte. Man fühlt sich sofort wie zu Hause.
Achte sorgfältig darauf, wie du Menschen behandelst. Höflichkeit kostet nichts.

Gebet

Jesus,
hilf uns, in jedem Armen und Fremden dich zu erkennen. Lass uns alle Menschen wie unsere Brüder oder unsere Schwestern behandeln. Denn wenn du unser Bruder bist, sind die anderen genau das: unsere Schwestern und Brüder!
Amen.

Anregung

Viele Schulen haben ihre eigenen Leitsätze. Wenn deine Schule solche Leitsätze hat, prüfe diese im Lichte dessen, was in Kapitel 53 steht. Sollte deine Schule keine speziellen Leitsätze haben, kannst du das unten stehende Beispiel heranziehen. Es ist anspruchsvoll, das sind solche Leitsätze immer. Mögen wir trotzdem den Mut haben, es in die Tat umzusetzen:

Christus wird im Zentrum dieser Gemeinschaft stehen, die wir in Liebe aufbauen. Wir werden in Harmonie arbeiten und leben. Wir werden den anderen mit Würde und Gerechtigkeit behandeln. Wir werden unser Potenzial voll ausschöpfen und stets danach streben, uns weiter zu verbessern.

Wenn deine Schule bisher über keine Leitsätze verfügt, könnt ihr gemeinsam überlegen, ob das hier abgedruckte Beispiel für euch geeignet wäre. Vielleicht könnt ihr nach diesem Vorbild auch eigene Leitsätze erarbeiten.

Kapitel 54: Briefe und Geschenke

Aus der Benediktsregel

Der Mönch darf keinesfalls ohne Weisung des Abtes von seinen Eltern oder irgendjemandem, auch nicht von einem anderen Mönch Briefe, Eulogien oder sonst kleine Geschenke annehmen oder geben.

(Kapitel 54, Vers 1)

Betrachtung

Diese Worte wirken sehr streng und nicht gerade gütig, aber in Zeiten, in denen jeder etwas will und dies auch bekommt und in denen jeder so viel ansammelt, wie er nur kann, können wir viel von diesem Gebot lernen. Mönche haben keinen eigenen Besitz. Sie sind frei von Habsucht. Alles, was sie brauchen, finden sie im Kloster.
Das betont, wie sehr wir von Gott abhängen. Je mehr Besitz wir haben, desto unabhängiger von Gott fühlen wir uns. In Chile habe ich Menschen kennen gelernt, die sich ganz Gott widmeten. Wie wenig sie auch besaßen – sie waren bereit, selbst dieses wenige ihrer Kirchengemeinde zu spenden. Ihre Not war groß, doch ihr Bedürfnis nach Gott war noch größer.

Gebet

Gott,
manchmal bitten wir dich mehr um überflüssige Dinge als um Dinge, die wir wirklich bräuchten. Wir brauchen dich in unserem Leben, wir haben das Bedürfnis, dich zu preisen. Hilf uns, das zu erbitten, was du uns geben möchtest. Hilf uns, dankbar zu sein und auch an diejenigen zu denken, die wenig besitzen.
Amen.

Zum Nachdenken

Denke an alles, was du besitzt. Worauf könntest du verzichten? Was wünschst du dir zum nächsten Geburtstag oder zu Weihnachten? Warum möchtest du diese Dinge? Wenn du all diese Dinge bekommst, die du dir wünschst, wirst du andere Dinge wegwerfen müssen, um Platz für die neuen zu machen? Wer gab dir das Wertvollste, was du besitzt?

Kapitel 55: Kleidung und Schuhwerk

Es gibt zweiundzwanzig Abschnitte in diesem Kapitel. Das zeigt, welche Bedeutung Benedikt der Sorge um die Ausstattung des Klosters und der Mönche zumisst.
Dieses Kapitel beinhaltet viele nützliche Gedanken, die für uns Anlass sein können, unseren Umgang mit dem Schuleigentum sowie unseren persönlichen Besitz in den Blick zu nehmen.

Aus der Benediktsregel

Die Kleidung, welche die Brüder erhalten, soll der Lage und dem Klima ihres Wohnorts entsprechen; denn in kalten Gegenden braucht man mehr, in warmen weniger ... Unserer Meinung nach genügen ... für die Arbeit ein Überwurf und als Fußbekleidung Socken und Schuhe.

(Kapitel 55, Verse 1, 2 und 6)

Betrachtung

Gibt es überhaupt irgendetwas, über das Benedikt in seiner Regel nicht nachdenkt, womit er sich nicht beschäftigt?
Er sorgt sich um die Bedürfnisse der Mönche, die in seiner Verantwortung stehen, und ist in seiner Argumentation stets praxisorientiert. Jeder Punkt auf dieser Liste hat seine Berechtigung. Dies sollten wir vor Augen haben, bevor wir versuchen, von der Regel abzuweichen.

Gebet

Wir danken dir, Gott,
für diejenigen, die Regeln erstellen. Diese Regeln haben ihren Sinn, auch wenn wir das manchmal nicht erkennen. Hilf uns, die Regeln unserer Gemeinschaft zu wahren, auch wenn uns einzelne Punkte unbequem sind, und ihren wahren Wert zu erkennen.
Amen.

Aus der Benediktsregel

Über Farbe oder groben Stoff dieser Kleidungsstücke sollen sich die Mönche nicht beschweren; man nehme alles so, wie es sich in der Gegend, wo sie wohnen, findet, oder was man billiger kaufen kann. Der Abt sorge aber für das rechte Maß, dass die Kleider nicht zu kurz sind, sondern denen, die sie tragen, passen.

(Kapitel 55, Verse 7–8)

Betrachtung

Kleidung hat bei Benedikt einen praktischen Zweck: Sie soll wärmen, bequem sein und nicht zu teuer. Was für Ansprüche stellen wir an unsere Kleidung?
Sicher, sie braucht nicht von der allerschlechtesten Qualität zu sein und darf auch ruhig etwas farbenfroher und modischer aussehen – aber muss es immer der teure Designer-Pulli sein, wenn ein bescheidenerer Pullover denselben Zweck erfüllt? Wie wäre es, wenn das gesparte Geld für einen wohltätigen Zweck gespendet würde?
Habe ich Sonderwünsche, wenn mir jemand etwas kauft? Möchte ich möglichst immer teure Markenklamotten? Warum? Spotte ich über Mitschüler, die nicht immer nach dem letzten Schrei gekleidet sind? Achte ich darauf, ob die Kleider, die ich kaufe, ohne unnötige Umweltbelastung und vor allem ohne ausbeuterische Kinderarbeit hergestellt wurden?

Gebet

Gott, unser Schöpfer,
du schenkst uns so viel. Warum wollen wir trotzdem immer mehr, immer das Beste oder das Neuste?
Wir bitten dich: Lass uns zufrieden sein mit dem, was wir haben, lass uns überlegen, was wirklich wichtig ist, und über den Unterschied zwischen »brauchen« und »wünschen« nachdenken.
Amen.

Aus der Benediktsregel

Bekommen sie etwas Neues, geben sie das Alte immer gleich ab; es wird in der Kleiderkammer für die Armen aufbewahrt.
(Kapitel 55, Vers 9)

Betrachtung

Angesichts dessen, wie wenig Secondhandläden es gibt, wird eines klar: Die meisten von uns werfen Kleidungsstücke, die noch nicht kaputt sind, fort, anstatt sie zumindest zugunsten derjenigen weiterzugeben, die weniger vermögend sind. Joan Chittister fragt: »Warum ist die Welt voll von prächtigem Müll, während es den Armen an den grundlegenden Dingen des Lebens fehlt?«
Wir müssen uns selbst fragen, warum wir manche Kleidungsstücke einfach so weggeben. Sind wir aus ihnen herausgewachsen oder gefallen sie uns nicht mehr? Sind sie abgetragen oder sind sie plötzlich nicht mehr modern? Und geben wir Acht auf unsere Kleider? Für Benediktiner ist es selbstverständlich, dass sie stets ihre Kleider in Ordnung halten, sie nötigenfalls flicken und ihren Schlafraum stets aufgeräumt halten. Wie sah dein Schlafzimmer aus, als du es heute Morgen verlassen hast?

Gebet

Herr,
wir besitzen so viel, wir wollen so viel und wir gehen nicht richtig um mit dem, was wir haben. Hilf uns, mit den Dingen, die uns gegeben wurden, und mit dem, was uns die Gemeinschaft zur Verfügung stellt, sorgsam umzugehen.
Amen.

Kapitel 56: Der Tisch des Abtes

Aus der Benediktsregel

Der Abt habe seinen Tisch immer mit Gästen und Pilgern gemeinsam. Sooft jedoch nur wenige Gäste da sind, steht es ihm frei, von den Brüdern zu rufen, wen er will. Immer aber lasse er der Ordnung wegen einen oder zwei Ältere bei den Brüdern.

(Kapitel 56, Verse 1–3)

Betrachtung

Benedikt zeigt uns noch einmal, welche Wertschätzung Gästen entgegengebracht werden soll. Benediktinische Gastfreundschaft besteht nicht nur darin, dem Besucher Essen, Trinken und einen Schlafplatz zu gewähren. Auch spirituellen Bedürfnissen wird mit Wärme und Freundschaft begegnet. So sollten auch wir unsere Gäste willkommen heißen. Wenn es darum geht, wer an den Tisch des Abtes geladen wird, könnte Eifersucht aufkommen. Neid aber kann eine Gemeinschaft zerstören. Deshalb sorgt Benedikt dafür, dass nicht alle »Ranghöheren« am Tisch des Abtes sitzen. Die Verantwortlichen sollen zwischen den einfachen Brüdern sitzen. Ihre Aufgabe ist es, die Gefühle der anderen sensibel wahrzunehmen, damit sie das »gemeinsame Boot« auf einem ruhigen Kurs lenken können.

Gebete

Lass allen Gästen unserer Gemeinschaften einen herzlichen Empfang zuteil werden, der selbst Christus würdig wäre.
Amen.

Herr,
lass uns nicht neidisch auf unsere Nächsten sein. Neid kann Beziehungen zerstören. Wir bitten dich, zeige uns, wie wir Beziehungen so gestalten und erhalten können, dass diese dem Wohl der ganzen Gemeinschaft dienen.
Amen.

Kapitel 57: Mönche als Handwerker

Aus der Benediktsregel

Sind Handwerker im Kloster, können sie in aller Demut ihre Tätigkeit ausüben, wenn der Abt es erlaubt.

(Kapitel 57, Vers 1)

Betrachtung

Das Wort »wenn« überrascht. Es gibt immer begabte Menschen in einer Gemeinschaft, und Schulen sind immer »Brutstätten« angehender Talente.
Die Verantwortung der Schule ist es, diese Begabungen zu fördern; die Verantwortung des Einzelnen ist es, seine oder ihre Begabung anzuwenden. Der Gemeinschaft würde mit Sicherheit etwas fehlen, wenn Menschen mit ihren besonderen Fähigkeiten hinter dem Berg halten, sei es aus Zurückhaltung oder aus Selbstsucht.
Lest die Geschichte von den Talenten im Lukasevangelium (Lk 19,11–27). Dann entwickelt ein Rollenspiel, das auf dieser Geschichte basiert.

Gebet

Gott,
wir danken dir für all unsere Begabungen.
Hilf uns, die Begabungen und Fähigkeiten,
die du uns gegeben hast, auch zu gebrauchen.
Hilf uns, sie zu deinem Ruhm und zum Wohl
der Gemeinschaft einzusetzen.
Amen.

Aus der Benediktsregel

Wird aber einer von ihnen überheblich, weil er sich auf sein berufliches Können etwas einbildet und meint, er bringe dem Kloster etwas ein, werde ihm seine Arbeit genommen. Er darf sie erst wieder aufnehmen, wenn er Demut zeigt und der Abt es ihm von neuem erlaubt.

(Kapitel 57, Verse 2–3)

Betrachtung

Seine Begabungen nicht zu nutzen und sein Licht unter den Scheffel zu stellen, das ist das eine. Das Gegenteil davon ist, anzugeben und eingebildet zu sein. Dann, ganz egal, wie groß deine Begabung ist, hat sie zu einem großen Übel geführt, mit dem man sich befassen muss. Hoffen wir, dass wir in der Schule nicht dadurch, dass wir diejenigen, die begabt sind, unterstützen, andere Mitglieder unserer Gemeinschaft benachteiligen.
Wichtiger ist, dass wir jungen Menschen helfen, eine gesunde Einstellung zu ihren eigenen Fähigkeiten zu gewinnen. Wir sollten danach streben, keine Angeber, sondern selbstlose Menschen zu schaffen! Von denen kann es niemals genug geben.

Gebet

Jesus,
in den Evangelien hören wir von deinen Fähigkeiten: von deiner Fähigkeit zu predigen, deiner Fähigkeit zu heilen und deiner Fähigkeit, auf andere Menschen einzugehen. Du hast keines dieser Talente missbraucht oder falsch eingesetzt. Wir bitten dich: Hilf uns, unsere Fähigkeiten richtig einzusetzen und immer dankbar für sie zu sein.
Amen.

Kapitel 58: Die Ordnung bei der Aufnahme von Brüdern

Aus der Benediktsregel

Kommt einer neu und will das klösterliche Leben beginnen, werde ihm der Eintritt nicht leicht gewährt, sondern man richte sich nach dem Wort des Apostels (1 Joh 4,1): »Prüft die Geister, ob sie aus Gott sind.«
Wenn er also kommt und beharrlich klopft und es nach vier oder fünf Tagen klar ist, dass er die ihm zugefügte harte Behandlung sowie die Schwierigkeiten beim Eintritt geduldig erträgt, aber trotzdem auf seiner Bitte besteht, gestatte man ihm den Eintritt, und er halte sich einige Tage in der Unterkunft für die Gäste auf.

(Kapitel 58, Verse 1–4)

Betrachtung

Das Leben in einer Ordensgemeinschaft ist kein Weglaufen vor der Welt. Ein Kloster ist kein Ort für »Softies«. Deshalb muss darauf geachtet werden, dass diejenigen, die eintreten, dies aus den richtigen Gründen tun.
Religiöse Schulen sind nur wenig anders. Eltern werden gefragt, warum sie eine solche Schule für ihr Kind auswählen. Dass die Schule günstig liegt oder für ihre gute Disziplin bekannt ist, kann nicht als ausreichende Begründung gelten. Der beste Grund ist, dass es eine Schule des Glaubens ist.
Wir, die wir in der katholischen Erziehung tätig sind, sollten nicht daran zweifeln, dass der Glaube Priorität hat und unbedingt zum täglichen Leben in der Schule gehört.
Morgengebete sind nicht freiwillig, die Messe ist eine gemeinschaftliche Feier und kein verpflichtendes Trauerlied. Diejenigen, die das religiöse Leben in der Schule organisieren, haben eine große Verantwortung.

Gebet

Gott,
manchmal entdecken wir bei uns selbst,
dass wir nur wegen der weltlichen Erziehung in die Schule gehen.
Hilf uns zu erkennen, dass du ein Teil unseres Lebens
und in unserer Schule zugegen bist.
Wir bitten dich, zeige uns, wie wir beten,
arbeiten und studieren sollen.
Amen.

Aus der Benediktsregel

Bei der Aufnahme verspreche er im Oratorium in Gegenwart aller Beständigkeit, klösterlichen Lebenswandel und Gehorsam.

(Kapitel 58, Vers 17)

Betrachtung

Obwohl wir keiner religiösen Gemeinschaft angehören, gehören wir doch zu einer Gemeinschaft, der gegenüber wir loyal sein, die wir auf jede uns mögliche Weise fördern und deren gute Werte wir nach außen vertreten sollten.

Wir sind verpflichtet, uns an die Regeln zu halten, die in der Schulordnung festgesetzt sind. Ebenso haben wir die Pflicht, den Verantwortlichen, gleich welcher Position, zu gehorchen. Diese sollen ihrerseits klug und gerecht zu sein. Wir sind füreinander verantwortlich.

Die Regel des heiligen Benedikt dürfte wohl eine vollständige Veränderung unserer Lebensweise erfordern. Wie wir bereits gesehen haben, reicht es nicht, sie einfach nur zu lesen und zu studieren. Die Benediktsregel muss gelebt werden. Dann hat sie die Macht, eine Gemeinschaft zu verändern!

Gebet

Gott, du Schöpfer,
Jesus, du Erlöser,
und Heiliger Geist, du Heiligender,
helft uns, nach dieser Regel zu deinem Ruhm und zum Wohl unserer Gemeinschaft zu leben.
Amen.

Kapitel 59: Die Aufnahme von Kindern

Zur Zeit des heiligen Benedikt war es üblich, seine Kinder in ein Kloster zu geben. Man glaubte nämlich, dass auf diesem Wege sowohl dem Kind als auch der Familie die letztendliche Erlösung zugesichert werde.
Bis zum Konzil von Trient war diese Vorgehensweise stets gang und gäbe. Allerdings gaben Eltern ihre Kinder auch damals nicht fort, um sie loszuwerden. Nach dem 16. Jahrhundert konnten allerdings nur noch Erwachsene zu einer religiösen Berufung zugelassen werden.

Aus der Benediktsregel

Wenn ein Vornehmer seinen Sohn im Kloster darbringt und dieser noch ein Kind ist, dann stellen die Eltern die oben erwähnte Urkunde aus. Zusammen mit einer Opfergabe wickeln sie diese Urkunde und die Hand des Knaben in das Altartuch und bringen ihn so dar.

(Kapitel 59, Verse 1–2)

Betrachtung

Dieses Verhalten mag für uns sehr extrem erscheinen, aber es macht deutlich, wozu die Menschen damals bereit waren, um ihre Frömmigkeit zu zeigen und ihre Erlösung zu sichern.
Was sind wir bereit, bei der Kollekte zu geben? Sind wir dazu bereit, uns selbst Gott zu übergeben? Heutzutage spenden wir nicht mehr, weil wir unsere Erlösung kaufen wollen, sondern weil wir dadurch die Möglichkeit haben, etwas an Gott, von dem wir alles erhalten, zurückzugeben.

Gebet

Gott,
in der heiligen Messe sind wir es gewohnt, Brot, Wein und die gesammelte Kollekte darzubringen. Hilf uns zu erkennen, dass es die höchste Gabe für dich ist, wenn wir uns selbst in deinen Dienst und in den Dienst unserer Nächsten stellen.
Amen.

Aus der Benediktsregel

Was ihr Vermögen angeht, so sollen sie in der vorliegenden Urkunde unter Eid versprechen, dass sie niemals selbst, auch nie durch eine vorgeschobene Person noch auf irgendeine andere Weise dem Knaben etwas schenken oder ihm die Möglichkeiten bieten, etwas zu besitzen. ... Was sie geben wollen, das sollen sie dem Kloster als Schenkung vermachen. Wenn sie es wünschen, können sie sich die Nutznießung vorbehalten. Auf diese Weise werde allem vorgebeugt, sodass dem Knaben keine Aussicht bleibt, die ihn betören und verderben könnte, was ferne sei. Wir kennen das aus Erfahrung.

(Kapitel 59, Verse 3 und 5–6)

Betrachtung

Es ist stets sehr schwer für Wohlhabende, ihr Geld nicht zur Beeinflussung anderer zu missbrauchen. Der heilige Benedikt setzte deshalb klar fest, dass Kinder niemals wegen der finanziellen Situation ihrer Familie Sonderbehandlungen erfahren werden. Deshalb sollte eine Spende dem Kloster überreicht werden und nicht dem Kind.
Falls wir Schüler haben, deren Eltern es sich leisten können, größere Summen zu spenden, ist es stets sinnvoller, diese Spenden in Schulprojekte oder Hilfsfonds fließen zu lassen, als wenn die Schüler zu viel Geld zur persönlichen Verfügung bekommen.

Gebet

Hilf uns, Gott, dass wir niemals unseren Besitz dazu verwenden, andere für uns zu gewinnen, denn alles, was wir haben, kommt letztlich von dir.
Amen.

Aus der Benediktsregel

Entsprechend sollen es auch Ärmere halten. Wer aber gar nichts hat, stellt einfach die Urkunde aus und bringt in Gegenwart von Zeugen seinen Sohn zusammen mit der Opfergabe dar.

(Kapitel 59, Verse 7–8)

Betrachtung

Wie viel Geld kannst du spenden? Keines? Komm trotzdem zu uns, denn du bist genauso willkommen! Hier gibt es diesbezüglich keinerlei Benachteiligungen, denn der heilige Benedikt heißt jeden willkommen, der die richtige Einstellung im Herzen trägt. Und diese Grundeinstellung ist absolut unabhängig von der finanziellen Lage der Gläubigen. Daher sollte diesbezüglich in einer Schulgemeinschaft keine Benachteiligung herrschen.

Wir alle sind Kinder Gottes und Geschwister Jesu, der in einem Stall geboren und schließlich vertrieben wurde und der nach einem Leben in stetigem Aufruhr wie ein gewöhnlicher Verbrecher ans Kreuz geschlagen wurde. Also wer sind wir also, dass wir mit unseren Besitzgütern prahlen oder uns über das, woran es uns mangelt, beklagen dürften?

Das Einzige, was wir nun tun können, ist zu Gott und seinem Sohn Jesus Christus aufzublicken und ihnen zu danken. Doch sind wir fähig, dies aus vollem Herzen zu tun?

Gebet

Alles, was ich bin,
und alles, was ich tu,
alles, was ich habe,
das nimm, oh Heiland, du!
Amen.

Kapitel 60: Die Aufnahme von Priestern

Der heilige Benedikt selbst war kein Priester. Er wollte ursprünglich als Einsiedler leben, wurde aber gebeten, Abt einer Mönchsgemeinschaft zu werden. Gelegentlich kamen auch weltliche Priester in die Gemeinschaft, deshalb erklärte Benedikt unmissverständlich, dass diesen keine besonderen Privilegien zuteil werden sollten.

Aus der Benediktsregel

Wenn einer aus dem Priesterstand um Aufnahme in das Kloster bittet, so stimme man nicht gleich zu. Beharrt er trotzdem fest auf seiner Bitte, so muss er wissen, dass er die Regel in ihrer ganzen Strenge zu halten hat. ... Man gestatte ihm allerdings, seinen Platz gleich nach dem Abt zu haben, den Segen zu sprechen und den Gottesdienst zu halten, aber nur, wenn der Abt ihn beauftragt. ... Er nimmt den Platz ein, der seinem Eintritt ins Kloster entspricht, nicht jenen, der ihm sonst aus Ehrfurcht vor dem Priestertum eingeräumt wird.

(Kapitel 60, Verse 1-2, 4 und 7)

Betrachtung

Dieser Abschnitt handelt vom Eintritt in eine neue Gemeinschaft, wenn man vorher in einer anderen gelebt hat. Priester wurden für gewöhnlich außerhalb eines Klosters ausgebildet und dort auch aufgrund ihrer Position respektiert.
Beim Eintritt in ein Kloster begann für sie ein neuer Lebensabschnitt. Sie mussten dazu bereit sein, ihre alten Privilegien aufzugeben. Es ist häufig sehr schwer, in bereits gefestigten Gemeinschaften seinen Platz zu finden. Deshalb sollten wir neue Mitglieder immer herzlich willkommen heißen und ihnen bei ihrer Eingewöhnung helfend zur Seite stehen.

Gebet

Gott,
wir danken dir für unsere Gemeinschaft. Hilf uns, damit wir uns gut um die neuen Mitglieder kümmern können. Mach unsere Herzen weit und großzügig, sodass die Neuankommenden spüren, dass du der Mittelpunkt all unserer Aufgaben und unseres Lebens bist.
Amen.

Zum Nachdenken

Kennst du das Gefühl, nach dem Zwischenzeugnis an eine neue Schule zu kommen? Wie würdest du mit dieser Situation zurecht kommen?

Kapitel 61: Die Aufnahme fremder Mönche

Aus der Benediktsregel

Es kann sein, dass ein fremder Mönch von weither kommt und als Gast im Kloster bleiben möchte. ... Sollte er in Demut und Liebe eine begründete Kritik äußern oder auf etwas aufmerksam machen, so erwäge der Abt klug, ob ihn der Herr nicht vielleicht gerade deshalb geschickt hat.

(Kapitel 61, Verse 1 und 4)

Betrachtung

In der Realität ist diese Situation oft sehr schwer zu handhaben, aber der heilige Benedikt hat auch hier einen guten Rat für uns.
Stell dir vor, du lebst in einer gut funktionierenden und gut organisierten Gemeinschaft. Plötzlich begegnet dir jemand, der in einer anderen Gruppe lebt. Dieser erzählt dir vom Leben in seiner Gemeinschaft und macht dir gute Vorschläge, wie du das Leben in deiner eigenen Gemeinschaft noch verbessern kannst.
Sagst du diesem Menschen dann gleich, dass er gehen und sich um seine eigenen Angelegenheiten kümmern soll? Oder wartest du höflich, bis er gegangen ist, um dann seine Ideen zu verwerfen? Oder denkst du über das, was er gesagt hat, nach und nimmst seine Vorschläge an?
Wir mögen es nicht, wenn wir herausgefordert werden, da dies oft zunächst unangenehm erscheinende Veränderungen mit sich bringt. Allerdings kann konstruktive Kritik eine hervorragende Möglichkeit bieten, sich selbst weiterzuentwickeln. Zu viel Kritik oder auch ungerechtfertigte Kritik kann andererseits zerstörerische Auswirkungen haben, deshalb sollten diese Arten der kritischen Äußerung nicht akzeptiert werden.

Gebet

Jesus,
oft ist Kritik sehr nützlich, auch wenn es uns zuerst schwer fällt, sie anzunehmen. Aber Kritik kann oft auch sehr verletzend sein, vor allem wenn Unsachliches darin enthalten ist. Hilf uns, stets das Gute in den anderen zu sehen. Und wenn wir Kritik an ihnen üben, dann lass es uns liebevoll, aus den besten Gründen und in der freundlichsten Art tun.
Amen.

Kapitel 62: Die Priester des Klosters

Aus der Benediktsregel

Wenn ein Abt die Weihe eines Priesters oder Diakons erbitten will, so wähle er unter seinen Mönchen einen aus, der würdig ist, den priesterlichen Dienst auszuüben. Der Geweihte aber hüte sich vor Überheblichkeit und Stolz. Er nehme sich nichts heraus und handle nie ohne Auftrag des Abtes. Er weiß ja, dass gerade er sich der Zucht der Regel zu fügen hat. Das Priesteramt sei ihm kein Anlass, den Gehorsam und die Ordnung der Regel zu vergessen, sondern er schreite mehr und mehr auf Gott zu. ... Nimmt er sich heraus, anders zu handeln, gelte er nicht mehr als Priester, sondern als Aufrührer. Und ändert er sich trotz wiederholter Ermahnungen nicht, so ziehe man noch den Bischof als Zeugen hinzu. Wenn er sich auch dann nicht bessert und seine Schuld klar zutage liegt, werde er aus dem Kloster gewiesen.

(Kapitel 62, Verse 1–4 und 8–10)

Betrachtung

Wenn man in einer Gemeinschaft lebt, ist es notwendig, stets die Regeln zu beachten. Leider sind viele Menschen der Ansicht, dass Priester die besseren Christen sind. Dies war allerdings zu keiner Zeit der Fall. Wir sind hier auf Erden, um den Platz auszufüllen, den Gott für uns vorgesehen hat: sei es als Lehrer oder als Schüler, als Hausmeister, als Bibliothekar oder als Krankenschwester. Wir sollten niemals über dem, was wir tun, vergessen, dass wir alle Kinder Gottes sind. Wir alle sind eigenständige Individuen, die zusammen eine Gemeinschaft bilden, deren Zentrum Gott ist.

Gebet

Wir danken dir, Gott, für die Priester, die zu uns kommen, um mit uns die heiligen Sakramente zu feiern. Möge unsere Gemeinschaft sie immer herzlich willkommen heißen und möge jeder Einzelne dazu bereit sein, seinen Nächsten wie Christus zu behandeln.
Amen.

Kapitel 63: Die Rangordnung in der Gemeinschaft

Aus der Benediktsregel

Die Rangordnung im Kloster halte man so ein, wie sie sich aus dem Zeitpunkt des Eintritts oder aufgrund verdienstvoller Lebensführung ergibt und wie sie der Abt festlegt. ... Die Jüngeren sollen also die Älteren ehren, die Älteren die Jüngeren lieben. ... Der Abt aber werde mit »Herr« und »Abt« angeredet, weil man im Glauben erkennt, dass er Christi Stelle vertritt. Das maßt er sich nicht selbst an, vielmehr geschieht es aus Ehrfurcht und Liebe zu Christus. Er selbst aber bedenke das und verhalte sich so, dass er dieser Ehre würdig ist.

(Kapitel 63, Verse 1, 10, 13-14)

Betrachtung

Man sollte sich gegenseitig respektieren, die Jüngeren die Älteren und die Älteren die Jüngeren. Der Ältere hat aufgrund seiner Erfahrung die größere Verantwortung und sollte dem Jüngeren ein Vorbild sein. Wir sind immer bereit, die Jüngeren zu verbessern, aber waren wir ihnen immer das beste Beispiel? Sagen wir »Halt's Maul! Sprich nicht so mit mir! Du wagst es, dich mir gegenüber so zu benehmen?« Respekt, Verantwortung und Vorbildsein sind benediktinische Charakterzüge. Einen anderen niederzumachen und zu demütigen, das sind keine benediktinischen Eigenschaften. Wie heißt es im Römerbrief (Röm 12,10): »Übertrefft euch in gegenseitiger Achtung.«

Gebet

Es ist selbstverständlich, dass wir die Älteren respektieren sollten. Nicht ganz so selbstverständlich scheint es uns oft, dass wir auch die Jüngeren respektieren sollten. Oft ist das gar nicht so leicht. Jesus, gib uns allen die Gnade, dass wir uns füreinander verantwortlich fühlen. Amen.

Aus der Benediktsregel

Draußen aber und überall sollen sie beaufsichtigt und zur Ordnung angehalten werden, bis sie das verständige Alter erreichen.
(Kapitel 63, Vers 19)

Betrachtung

Diese Passage ist von großer Sorge geprägt. Es geht nicht darum, Kinder nur aus Spaß zu kontrollieren. Vielmehr lehrt uns der heilige Benedikt, den Funken Gottes in jedem zu respektieren. Die Älteren sollen auch darin den Jüngeren ein Vorbild sein.
Die folgende Zen-Geschichte, mag das verdeutlichen:
Ein wohlhabender Zen-Meister war zu einem Bankett eingeladen. Aber als er in der Halle ankam, wurde er nicht bemerkt, denn er hatte Bettlerkleidung angelegt. Augenblicklich wurde er hinausgeworfen. Er ging heim, zog seine beste Festkleidung an und kehrte zum Bankett zurück, wo er mit großen Respektsbekundungen empfangen und ihm ein Ehrenplatz zugewiesen wurde. Der Meister legte seine fantastische Robe ab, legte sie auf seinem Stuhl ab und sagte beim Weggehen. »Ich nehme an, es ist meine Robe, die ihr zu diesem Bankett eingeladen habt, denn ihr habt mich weggeschickt, als ich Bettlerkleidung trug.«

Gebet

Wir danken dir, Gott, dafür, dass du jeden von uns nach deinem Abbild geschaffen hast und nicht nach unseren Vorstellungen von dir! Wir bitten um den Geist des Respekts im Umgang mit anderen.
Amen.

Kapitel 64: Die Ernennung eines Abtes

Lehrer und Schüler einer Schule wählen ihren Direktor nicht, obwohl sie vielleicht Repräsentanten im Wahlkomitee haben. Trotzdem ist es auch für eine Schulgemeinschaft nicht uninteressant, dass der heilige Benedikt uns zeigt, nach welchen Kriterien wir eine Führungspersönlichkeit wählen sollten: jemanden, der gut und weise ist und der das Beste in uns zum Vorschein bringt.
Die benediktinische Spiritualität entscheidet sich für Ideale, selbst dann, wenn pragmatisches Handeln wichtiger scheint als Visionen.

Aus der Benediktsregel

Entscheidend für die Wahl und Einsetzung seien Bewährung im Leben und Weisheit in der Lehre, mag einer in der Rangordnung der Gemeinschaft auch der Letzte sein.

(Kapitel 64, Vers 2)

Betrachtung

Wir haben vielleicht nicht die Gelegenheit einen Abt oder einen Schuldirektor zu wählen, aber vielleicht müssen wir irgendeine andere Person wählen, die uns führt oder repräsentiert – zum Beispiel einen Klassensprecher.
Güte ist die Haupteigenschaft, nach der wir Ausschau halten sollten. Sei nicht versucht, den besten Redner, den Stärksten, den Größten, den Lautesten oder gar – aus Angst – denjenigen, der dir den Arm verdreht hat, zu wählen!
Vertrauen ist ebenso wichtig, denn ohne gegenseitiges Vertrauen kann ein Anführer wenig tun.

Gebet

Wir beten für die,
die gewählt wurden, um uns zu leiten.
Wir beten besonders für [Name].
Wir beten für all jene Verantwortlichen,
dass sie uns mit Güte und Weisheit leiten
und dabei immer an das Wohl der Gemeinschaft denken.
Amen.

Aus der Benediktsregel

Es kann sogar vorkommen, was ferne sei, dass die ganze Gemeinschaft einmütig jemanden wählt, der mit ihrem sündhaften Leben einverstanden ist.

(Kapitel 64, Vers 3)

Betrachtung

Es sollte kein vorheriges Festlegen des Wahlverhaltens, kein Betrügen, kein »ein Job für die Jungs«, keine Politik geben. Die Arbeit eines jeden, der auf eine solche Weise gewählt wird, ist von Beginn an zum Scheitern verurteilt.

Jeder, der einen Rang von Autorität aus Eigennutz oder auf Bitten von Außenstehenden annimmt, ist der Position nicht wert und kann nicht den Respekt der Gemeinschaft verlangen.

Gebet

Schütze uns, Gott, vor denen,
die ihre eigenen Interessen vor die der Gemeinschaft stellen.
Mögen wir im Umgang mit anderen immer ehrlich und gerecht sein.
Amen.

Aus der Benediktsregel

Er wisse, dass er mehr helfen als herrschen soll. ... Er hasse die Fehler, er liebe die Brüder. Muss er aber zurechtweisen, handle er klug und gehe nicht zu weit; sonst könnte das Gefäß zerbrechen, wenn er den Rost allzu heftig auskratzen will.
Stets rechne er mit seiner eigenen Gebrechlichkeit. Er denke daran, dass man das geknickte Rohr nicht zerbrechen darf. (Jesaja 42,3) ... Er suche, mehr geliebt als gefürchtet zu werden.

(Kapitel 64, Verse 8, 11–13, 15)

Betrachtung

Falls wir je zu einer Führungsposition berufen werden, egal wo, sollten wir auf diese weisen Worte achten und sie uns zu Herzen nehmen. Dann können wir sicher sein, dass wir in einer guten und weisen Art führen werden; man wird uns vertrauen und uns respektieren.

Gebet

Gott,
wir denken vor dir an all jene, die heute Entscheidungen treffen müssen. Mögen sie diese aus deinem Ratschluss treffen und dabei stets das Wohl der Gemeinschaft in ihren Gedanken und Herzen haben.
Amen.

Aus der Benediktsregel

Er (der Abt) sei nicht stürmisch und nicht ängstlich, nicht maßlos und nicht engstirnig, nicht eifersüchtig und allzu argwöhnisch, sonst kommt er nie zur Ruhe. In seinen Befehlen sei er vorausschauend und besonnen. Bei geistlichen wie bei weltlichen Aufträgen unterscheide er genau und halte Maß. Er denke an die maßvolle Unterscheidung des heiligen Jakob, der sprach (Gen 33,13): »Wenn ich meine Herden unterwegs überanstrenge, werden alle an einem Tage zugrunde gehen.« ... Besonders wahre er in allem die vorliegende Regel.

(Kapitel 64, Verse 16–18, 20)

Betrachtung

Eine Person, die nie zur Ruhe kommt, hat keine Zeit für die Menschen. Für seine Gemeinschaft muss der Abt Zeit haben, denn mit wem soll man seine Zeit verbringen, wenn nicht mit denen, um die man sich sorgt und für die man verantwortlich ist. Und es soll keine besonderen Vergünstigungen für jene verantwortlichen Personen geben. Wenn du Zugang zu einem Klassenraum hast und dir der Klassenschlüssel anvertraut wurde, heißt das nicht, dass du dort nach Schulschluss wilde Partys mit deinen Freunden abhalten kannst. Es kann dich bei einigen wenigen beliebt machen, aber andere werden den Respekt vor dir verlieren.

Gebete

Herr,
wir beten für diese Gemeinschaft, dass sie gut geleitet und sorgfältig und liebevoll verwaltet wird. Wir beten, dass du im Mittelpunkt dieser Gemeinschaft deinen Platz haben wirst – und auch in den Herzen und Gedanken derer, die die Verantwortung für diese Gemeinschaft innehaben.
Amen.

Wir beten für unsere Schulleiter und Klassenlehrer.
Mögen sie bei allen Entscheidungen von dir, Gott, geführt werden.
Statte sie mit deiner Weisheit und Kraft aus.
Amen.

Zum Nachdenken

Wenn du gewählt würdest, diese Gemeinschaft zu leiten, was würdest du ändern und warum? Wenn du ein Schulleiter wärst, worum würdest du dich am meisten sorgen?

Kapitel 65: Der Prior des Klosters

Der Prior hat in einem Kloster die zweithöchste Amtsgewalt inne. In einer benediktinischen Gemeinschaft wird er vom Abt ausgewählt, um während seiner Abwesenheit die Verantwortung zu übernehmen.

Aus der Benediktsregel

Der Prior führe in Ehrfurcht aus, was ihm sein Abt aufträgt; er tue nichts gegen den Willen oder die Anordnung des Abtes. Denn je höher er über die anderen gestellt ist, umso sorgfältiger muss er die Weisungen der Regel beobachten.

(Kapitel 65, Verse 16–17)

Betrachtung

Immer der Zweite in der Hierarchie zu sein ist ziemlich schwirig: Man ist zwar fast an der Macht, aber nicht ganz. Loyalität ist hier die Devise, du bist gebunden an das, was dein Vorgesetzter sagt, und verteidigst seine oder ihre Entscheidungen.
Wenn du dich anders verhältst, verursachst du Streit und Zwietracht in deiner Gemeinschaft. Wenn dein Vorgesetzter nicht anwesend ist, liegt es an dir, Entscheidungen zu treffen.

Gebet

Herr,
wir beten für alle Menschen, die den zweiten Rang in einer Hierarchie bekleiden, dass sie ihre Pflichten mit Verantwortung und Loyalität tragen und sich immer um Harmonie in ihrer Gemeinschaft bemühen.
Amen.

Kapitel 66: Der Pförtner des Klosters

Der Pförtner des Klosters ist nicht jemand, der den Menschen ihre Taschen und ihr Gepäck auf ihr Zimmer trägt, sondern derjenige, der Menschen an der Klosterpforte begrüßt oder, heutzutage wenigstens, ihre Telefonanrufe annimmt.
Dass es ein eigenes Kapitel über die Pflichten des Pförtners gibt, das direkt nach den Kapiteln über die Aufgaben des Abtes und des Priors angesiedelt ist, zeigt, welche Bedeutung der heilige Benedikt diesem Amt zumaß.

Aus der Benediktsregel

An die Pforte des Klosters stelle man einen weisen älteren Bruder, der Bescheid zu empfangen und zu geben weiß und den seine Reife daran hindert, sich herumzutreiben. Der Pförtner soll seine Zelle neben der Pforte haben, damit alle, die ankommen, dort immer einen antreffen, von dem sie Bescheid erhalten.

(Kapitel 66, Verse 1–2)

Betrachtung

Es fällt schwer zu glauben, dass etwas, was vor 1 500 Jahren geschrieben wurde, für die heutige Zeit so viel praktischen Wert besitzt. Dazu bestimmt zu sein, Leute an der Pforte zu empfangen, ist nichts für Menschen, die die Neigung haben, sich viel herumzutreiben.
Dieses Kapitel verdeutlicht noch einmal, welch wichtige Pflicht es ist, Gäste freundlich und zuvorkommend zu empfangen. In diesem Zusammenhang ist es die Mühe wert, sich Kapitel 53 noch einmal anzuschauen.

Gebet

Wir beten für die Menschen, die unsere Besucher empfangen. Mögen sie diese genauso aufnehmen, als ob sie Christus empfingen. Mögen die, die uns besuchen, sich willkommen fühlen und spüren, dass sie an einen Ort gekommen sind, wo Christus ist.
Amen.

Aus der Benediktsregel

Sobald jemand anklopft oder ein Armer ruft, antworte er: »Dank sei Gott« oder »Segne mich«. Mit der ganzen Sanftmut eines Gottesfürchtigen und mit dem Eifer der Liebe gebe er unverzüglich Bescheid. Braucht der Pförtner eine Hilfe, erhalte er einen jüngeren Bruder.

(Kapitel 66, Verse 3–5)

Betrachtung

Ob du an der Schulpforte arbeitest oder einfach nur an der Tür deines Klassenzimmers stehst – wenn es deine Aufgabe ist, jedem zu antworten, der an die Tür klopft, dann ist dies auch ein Privileg und bringt Erfüllung mit sich! Niemand wird als Störenfried betrachtet, weil jeder Besucher empfangen werden soll, als ob Christus persönlich käme.

Ist dir aufgefallen, dass der heilige Benedikt den Pförtner auffordert, jeden Besucher – und sei er noch so arm – um seinen Segen zu bitten? Wenn jemand in einer benediktinischen Gemeinschaft Einlass erbittet, soll er niemals fortgeschickt werden.

Gebet

Herr Jesus,
wenn uns das Privileg eingeräumt wurde, jemanden zu begrüßen oder auf ein Klopfen hin die Tür für jemanden zu öffnen, lass uns dich selbst in dem Gast erkennen. Lass niemanden sich so fühlen, als ob er in unserer Gemeinschaft nicht willkommen sei.
Amen.

Kapitel 67: Brüder auf Reisen

Aus der Benediktsregel

Sollen Brüder auf Reisen geschickt werden, empfehlen sie sich dem Gebet aller Brüder und des Abtes. Bei der Rückkehr von der Reise aber sollen sich die Brüder noch am selben Tag bei allen festgesetzten Gebetszeiten am Schluss des Gottesdienstes im Oratorium zu Boden werfen und alle um das Gebet bitten wegen der Fehler, die vielleicht unterwegs vorgekommen sind, wenn sie Böses gesehen oder gehört oder Unnützes geredet haben.

(Kapitel 67, Verse 1 und 3-4)

Betrachtung

Wenn wir unterwegs sind, sind wir Botschafter unserer Gemeinschaft. Gleichzeitig ist die Gemeinschaft unvollständig, wenn irgendein Mitglied, aus was für Gründen auch immer, nicht anwesend ist. Die Überlegung, dass unterwegs Probleme entstehen könnten, verdeutlicht, dass du in deiner Gemeinschaft unter Freunden bist, wo niemand dich verletzen oder dir Ärger machen will.

Außerhalb können die Dinge jedoch anders aussehen. Es könnten dir Versuchungen entgegentreten und Menschen, die dich vom rechten Wege abbringen könnten. Benedikt betont hier noch einmal, dass die Gemeinschaft ein Ort der Sicherheit und Freundlichkeit sein soll, ohne Kämpfe und Streitereien. Lasst uns solch eine Gemeinschaft bilden!

Gebet

Herr,
wir beten für alle die Menschen, die fern von ihrem Zuhause sind: für diejenigen, die im Krankenhaus liegen, für diejenigen, die im Urlaub sind, und für die, die auf eine Reise geschickt wurden. Wir denken an sie, denn ohne sie ist unserer Gemeinschaft unvollständig.
Amen.

Kapitel 68: Überforderung durch einen Auftrag

Einmal hatte ich über einen Zeitraum von drei Tagen mehrere Vorstellungsgespräche für das Amt einer Schulseelsorgerin. Nach dem zweiten Tag merkte ich, dass ich etwas wirklich Göttliches brauchte, um den Job zu kriegen.
In einer alten Ausgabe der Benediktsregel stolperte ich über dieses Kapitel. Das war meine erste Begegnung mit dem heiligen Benedikt. Es passte wunderbar auf die Situation – und, wie es so kommt, bekam ich den Job.

Aus der Benediktsregel

Wenn einem Bruder etwas aufgetragen wird, das ihm zu schwer oder unmöglich ist, nehme er zunächst den erteilten Befehl an, in aller Gelassenheit und Gehorsam. Wenn er aber sieht, dass die Schwere der Last das Maß seiner Kräfte völlig übersteigt, lege er dem Oberen dar, warum er den Auftrag nicht ausführen kann. Wenn er seine Bedenken geäußert hat, der Obere aber bei seiner Ansicht bleibt und auf seinem Befehl besteht, sei der Bruder überzeugt, dass es so für ihn gut ist; und im Vertrauen auf Gottes Hilfe gehorche er aus Liebe.

(Kapitel 68, Verse 1-2 und 4-5)

Betrachtung

Der Schlüssel zur Lösung dieses Problems liegt im Vertrauen auf Gottes Hilfe. Wir versuchen oft, Probleme alleine zu lösen, obwohl wir jederzeit Gottes Hilfe in Anspruch nehmen könnten. So sagt eine einfache Version des Gebets des Benedikt: »Ich werde alles tun, was du von mir forderst, Herr, aber hilf mir dabei!« Wenn wir Gott mit einbeziehen würden, würde keine Hausaufgabe mehr ein Problem darstellen. Versuch es. Aber denk daran: Du musst schon deinen Teil erfüllen – Gott deine Bücher zu überlassen und währenddessen fernzusehen ist keine Lösung! Im Gebet entdecken wir Gottes Willen für uns.

Gebet

Herr,
du weißt, dass wir in einer stolzen, hochmütigen Gesellschaft leben. Wir wollen unabhängig sein, und doch wäre jeder Bereich unseres Lebens besser, wenn wir dich in unser Leben einbeziehen würden. Ich werde über den Schatten meines Stolzes springen, sodass du in mein Leben gelangen kannst.
Amen.

Kapitel 69: Eigenmächtige Verteidigung eines Bruders

Aus der Benediktsregel

Man achte darauf, dass im Kloster sich keiner bei irgendeinem Anlass herausnimmt, als Verteidiger oder Beschützer eines anderen Mönches aufzutreten. ... Wer diese Vorschrift übertritt, werde streng in die Schranken gewiesen.

(Kapitel 69, Verse 1 und 4)

Betrachtung

Jemanden zu verteidigen macht normalerweise einen sehr loyalen Eindruck, aber es führt häufig auch zu Missverständnissen und bringt Unbeteiligte in unangenehme Situationen. Auch in der Schule verursacht es häufig Probleme, wenn wir uns in Streitfällen einem bestimmten Lager anschließen: der hat das gesagt, die hat das gesagt, die haben gesagt ...
Streit entsteht, und ehe wir uns versehen, ist ein regelrechter Kampf zwischen den beiden Lagern entstanden. Man muss die Menschen ihre Probleme allein lösen lassen. Denn wirklich allein ist ja derjenige, der auf Gott vertraut, nicht. Ihm kannst du das Problem übergeben und auf seine Antwort lauschen. Du musst Gott längst nicht alle Details eines Problems berichten, er kennt sie bereits. Gott kann Probleme lösen. Versuch es!

Gebet

Herr,
gib uns den Mut und die Weisheit, uns aus Problemen herauszuhalten, wenn wir sie nur komplizieren würden. Wir beten für die Menschen, die momentan Probleme haben. Hilf ihnen, damit sie dich helfen lassen.
Amen.

Kapitel 70: Eigenmächtige Bestrafung eines Bruders

Aus der Benediktsregel

Darum bestimmen wir: Keiner darf einen seiner Brüder ausschließen oder schlagen, es sei denn, der Abt habe ihm dazu die Vollmacht gegeben.

(Kapitel 70, Vers 2)

Betrachtung

Man sollte hoffen, dass ein Abt niemals die Erlaubnis dazu geben würde, irgendjemanden zu schlagen – selbst wenn einige seiner Mönche ehemals Einbrecher, Soldaten oder Ähnliches gewesen sein sollten. Probleme mit Gewalt zu lösen ist oft eine große Versuchung, aber die Benediktsregel sagt deutlich, dass in der Gemeinschaft keine Gewalt ausgeübt werden darf.
Gewalt löst keine Probleme, weder kurzfristig noch langfristig. Ich bin sicher, dass jede Art von Gewalt Gott sehr traurig macht und ihn sich fragen lässt, welche Art von Menschen er erschaffen hat.

Gebet

Herr,
wir leben in einer Welt voller Gewalt. Wir sind täglich umgeben von Bildern und Berichten über Gewalt. Wir bitten dich, dass wir uns niemals dazu hinreißen lassen, einem deiner Kinder Gewalt anzutun. Hilf uns, uns daran zu erinnern, dass wir deine Kinder und Jesu Brüder und Schwestern sind. Unser Bruder Jesus ist gekommen, um Frieden in unsere Welt zu bringen. Lass uns nach unseren Möglichkeiten dabei helfen, Frieden in jede Situation zu bringen.
Amen.

Kapitel 71: Der gegenseitige Gehorsam

Aus der Benediktsregel

Das Gut des Gehorsams sollen alle nicht nur dem Abt erweisen. Die Brüder müssen ebenso einander gehorchen; sie wissen doch, dass sie auf diesem Weg des Gehorsams zu Gott gelangen. ... Ist einer streitsüchtig, werde er zurechtgewiesen.

(Kapitel 71, Verse 1–2 und 5)

Betrachtung

Gerade ist uns gesagt worden, dass wir uns nicht für andere einsetzen oder andere schlagen dürfen, da werden wir aufgefordert, uns gegenseitig zu gehorchen. Und warum nicht? Wenn wir anderen zuhören, anstatt sie anzuschreien, wenn wir uns gegenseitig aufbauen, anstatt uns niederzumachen, an welch einem wunderbaren Ort würden wir leben und arbeiten! Wir sind Menschen und machen Fehler, fügen uns und unserer Gemeinschaft Schaden zu. Auch der heilige Benedikt war ein Mensch.
Aber seine Ideale kamen eher von Gott als von der Welt. Schwierig zu verstehen, aber richtig!

Gebet

Herr,
Gehorsam ist immer schwierig, aber gegenseitiger Gehorsam benötigt etwas Besonderes: Dieses Besondere liegt darin, dass du der Mittelpunkt unseres Lebens bist. Hilf uns, dass wir dich in den Mittelpunkt unseres Lebens stellen.
Amen.

Aus der Benediktsregel

Wenn ein Mönch merkt, dass ein Älterer innerlich gegen ihn erzürnt oder ein wenig erregt ist, dann werfe er sich unverzüglich zu Boden und liege zur Buße so lange zu seinen Füßen, bis die Erregung durch den Segen zur Ruhe kommt. Wer sich aus Geringschätzung weigert, das zu tun, den treffe körperliche Züchtigung, oder er werde, wenn er trotzig bleibt, aus dem Kloster gestoßen.

(Kapitel 71, Verse 7–9)

Betrachtung

Auch wenn wir die Formulierung, uns jemandem zu Füßen zu werfen, als eine Metapher ansehen, ist den meisten von uns zweifellos bewusst, wie schwer es ist, dieses Gebot zu erfüllen. Aber falls wir jemanden verärgert haben, ist es umso besser, je eher wir uns entschuldigen und der Schmerz geheilt ist.

Wir alle kennen die Auseinandersetzungen, die zu nichts führen. Wir alle müssen zusammenarbeiten und –leben. Und jeder muss sich immer wieder eingestehen, dass er nicht perfekt, sondern ein sündiger Menschen und abhängig von der Vergebung Gottes und der gegenseitigen Vergebung ist. Wenn wir uns das nicht eingestehen, wie wollen wir uns dann weiterentwickeln?

Gebet

Jesus,
wir haben gegen dich und unsere Mitmenschen gesündigt und wir sind es nicht länger wert, deine Kinder genannt zu werden. Aber deine Liebe und Vergebung werden uns geschenkt. Hilf uns, auch untereinander, im gegenseitigen Vergeben, großzügig zu sein.
Amen.

Anregung

Gibt es irgendjemanden, auf den du zugehen und den du um Vergebung bitten musst? Nein, das ist nicht leicht. Wenn es so wäre, hättest du es schon längst getan! Suche heute einen Menschen und sage ihm, dass es dir Leid tut.

Kapitel 72: Der gute Eifer der Mönche

Aus der Benediktsregel

Christus sollen sie überhaupt nichts vorziehen. Er führe uns gemeinsam zum ewigen Leben.

(Kapitel 72, Verse 11–12)

Betrachtung

In diesem vorletzten Kapitel verlangt der heilige Benedikt immer noch mehr von uns. Er betont erneut, dass wir jederzeit anderen mehr Aufmerksamkeit schenken sollen als uns selbst. Und dann findet sich das Juwel: »Ziehe nichts Christus vor.«
Wenn wir das nur beherzigen könnten und nicht nur davon lesen würden, dann bräuchten wir keinen anderen Wahlspruch. Wir wären eifrig darauf bedacht, anderen Gutes zu tun und nicht egoistisch zu sein. Dann wäre Christus immer und jederzeit der Mittelpunkt unserer Gemeinschaft.

Gebet

Gott, unser Schöpfer,
hilf uns, dass wir uns von dir formen lassen.
Lass uns dir und uns untereinander dienen.
Lass uns alles daran setzen, Gutes zu tun.
Deshalb bitten wir um deinen Geist und die Gaben,
die wir brauchen, um dir entgegenzuwachsen.
Amen.

**Kapitel 73: Die Regel als Anfang unseres
             Weges zur vollen Gerechtigkeit**

Aus der Benediktsregel

Diese Regel haben wir geschrieben, damit wir durch ihre Beobachtung in unseren Klöstern eine dem Mönchtum einigermaßen entsprechende Lebensweise oder doch einen Anfang im klösterlichen Leben bekunden. Für den aber, der zur Vollkommenheit des klösterlichen Lebens eilt, gibt es die Lehren der heiligen Väter, deren Beobachtung den Menschen zur Höhe der Vollkommenheit führen kann.

(Kapitel 73, Verse 1–2)

Betrachtung

Ausgerechnet jetzt, da wir uns zum Ende der Regel durchgearbeitet haben, spielt Benedikt sie herunter, indem er sagt, dass die Umsetzung in den Alltag uns zu einem Verhalten führt, das dem christlichen Ideal lediglich nahe kommt.
Den, der nach größerer Vollkommenheit strebt, verweist er auf die Lehren der frühen Kirche. Wie auch immer: Diese Regel wird seit mehr als 1500 Jahren in religiösen Gemeinschaften angewendet und hat unzählige Menschen zum Besseren hin verändert. Sie kann auch uns und unsere Gemeinschaft verändern.

Gebet

Herr,
wir danken dir für die Regel unseres heiligen Vaters Benedikt. Möge sie uns das ganze Leben hindurch lehren und inspirieren. Lass uns diese Herausforderung ohne Angst annehmen, damit sie unser Leben und die Art und Weise, wie wir dir und uns gegenseitig dienen, verändert.
Amen.

Aus der Benediktsregel

Wenn du also zum himmlischen Vaterland eilst, wer immer du bist, nimm diese einfache Regel als Anfang und erfülle sie mit der Hilfe Christi. Dann wirst du schließlich unter dem Schutz Gottes zu den oben erwähnten Höhen der Lehre und Tugend gelangen.

(Kapitel 73, Verse 8–9)

Betrachtung

Was machen wir jetzt? Nach guter benediktinischer Tradition gehen wir zurück zum Anfang und beginnen erneut mit den Worten des Prologs. Einmal schrieb mir eine ältere Nonne. Sie sagte: »Als eine Frau, die mehr als die Hälfte ihres Lebens nach der benediktinischen Regel gelebt hat, sehe ich sie als eine nie versiegende Quelle des Weisheit.« Das Schlüsselwort hier ist »gelebt hat«. Denn die Benediktsregel ist eine praktische, lebendige und geistliche Regel.

Kehren wir jetzt zum Prolog zurück und beginnen wir wieder mit den Worten »Höre ... und neige das Ohr deines Herzens.« Jedes Mal, wenn du die Regel liest, findest du Neues darin. Und deine Gemeinschaft wird jeden Tag, an dem du die Regel lebst, davon profitieren. Gott segne dich auf deiner Reise und der heilige Benedikt wird dich auf deinem Weg begleiten. Lasst uns noch einmal das Gebet, das ihm zugeschrieben wird, beten.

Gebet

Herr,
wir beten, dass alles, was wir tun, von deiner Eingebung geleitet wird, sodass jedes Gebet und jede Arbeit von dir seinen Anfang nehme und von dir vollendet werde.
Amen.

Geistliche Lesung (Lectio Divina) in einer Schulgemeinschaft

»Der Mensch lebt nicht nur von Brot, sondern von jedem Wort, das aus Gottes Mund kommt.«

(Mt 4,4)

Diese alte Methode der Schriftlesung wurde schon vom heiligen Benedikt selbst praktiziert und wird im Kapitel 47 der Regel erwähnt. Heutzutage wird sie immer noch von den Benediktinern auf der ganzen Welt so ausgeübt. Die Geistliche Lesung hat nichts mit Intellekt, gründlicher Untersuchung oder Gelehrsamkeit zu tun. Tatsächlich können diese Dinge die Lectio in den frühen Phasen eher behindern. Es ist nahe liegend, dass die Regel mit dem Wort »Höre« beginnt.
Lectio bedeutet einfach, dem Wort Gottes zuzuhören, während es langsam vorgelesen wird. Deshalb höre ich, was Gott zu mir sagt. Dies bedeutet nicht, dass Gott mich bitten wird, die Welt zu retten, sondern, dass Gott jedem Einzelnen etwas zu sagen hat, der »mit dem Ohr des Herzens« zuhört. Der heilige Johannes vom Kreuz umreißt die vier Phasen der Lectio, indem er auf die Worte des Lukasevangeliums anspielt:

Suche im *Lesen*
und du wirst dich in *Meditation* wieder finden,
klopfe im *Gebet* an
und in der *Kontemplation* wird dir aufgetan.

Wenn es darum geht, Wege der Kommunikation zwischen Gott und seinen Kindern zu öffnen, so ist es eine große Verantwortung, eine schulische Gruppe für Geistliche Lesung ins Leben zu rufen. Der Leiter sollte sich in Gedanken und Gebeten gut vorbereiten. Es ist vielleicht eine gute Idee, als Übung mit dem Lesen eines weltlichen Gedichts anzufangen. Nach einer ersten gemeinsamen Lektüre kann sich jeder Schüler äußern, welche Zeile ihn besonders angesprochen hat. Oft gibt es eine große Anzahl an Antworten. Darin zeigt sich, dass die gleichen Worte verschiedene Bedeutungen für unterschiedliche Menschen haben. Sind die Schüler erst einmal mit dem Prozess vertraut, machen Sie mit einer Stelle aus der Heiligen Schrift weiter. Viele Psalmen verwenden Bildworte, deshalb eignen gerade sie sich gut für den Einstieg.

Die Bibel ist das meist verbreitete Buch der Welt. Beinahe in jedem christlichen Haus findet man ein oder zwei Exemplare. Auch andere Weltreligionen, wie zum Beispiel der Islam, sind »Schriftreligionen« und können uns lehren, wie man mit heiligen Schriften umgeht.
Wie werden Bibeln in Ihrer Schule behandelt? In welchem Zustand sind sie?
Viele Kinder sind es gewöhnt, die Heilige Schrift nachlässig zu behandeln. Dies kann zu Beginn des Lernprozesses eine Hürde sein, die vom Lehrer zu überwinden ist. Man muss kreative Wege finden, um die Kinder von der Idee zu begeistern, dass Gottes Wort darauf wartet, uns einen Weg zu weisen. Es wird helfen, wenn Sie betonen, dass die Bibel sich an jeden Einzelnen richtet. Und: Wenn biblische Perikopen vorgetragen werden, sollte langsam gelesen werden, damit jeder in seinem jeweils eigenen Tempo »mit dem Herzen« zuhören kann.
Es folgen zwei Modelle, wie eine Geistliche Lesung durchgeführt werden kann. Zunächst aber wird eine Reihe von Dingen aufgeführt, die man tun oder vermeiden sollte. Von Anfang an sollte sich jeder in der Gruppe darüber im Klaren sein.

Was ist zu tun?

➡ Um die Gegenwart des Lichtes Christi deutlich zu machen, soll eine brennende Kerze oder ein Kreuz im Mittelpunkt stehen.

➡ Das Treffen wird eröffnet mit einem Gebet zum Heiligen Geist.

➡ Eine ruhige und entspannte Sitzhaltung ist wichtig. Die Teilnehmer sollten versuchen, eine Position zu finden, in der sie es einige Zeit aushalten können.

➡ Bereits vor dem »eigentlichen« Beginn sollte die ausgewählte Bibelstelle aufgeschlagen werden. Wenn jeder die gleiche Übersetzung und Ausgabe hat, kann die Seitenzahl angegeben werden. Das hilft so manchem, der mit den Büchern, Kapiteln und Versen nicht so vertraut ist, nicht abgelenkt zu werden.

➡ Solange keiner einen besonderen Text vorbereitet hat, soll der Leiter lesen. Der Text sollte gut gelesen werden (siehe dazu auch Kapitel 38 der Regel).

➡ Es sollte ausreichend Zeit gegeben werden, über die Stelle nachzudenken. Dann wird der Text noch einmal langsam gelesen. Dann macht man eine Pause und gibt jedem die Gelegenheit, das mitzuteilen, was er mit dem Ohr des Herzens gehört hat, das so genannte Echo.

➡ Das Echo gibt man in der Ich-Form: »Diese Stelle bedeutet für mich ...« oder »Gott zeigt mir ...« Niemand gibt einen Kommentar. Wenn die Gruppe gut harmoniert, wird keiner Angst haben, sich zu äußern.

➡ Wenn jeder die Möglichkeit hatte, sich zu äußern, wird ein Moment der Stille gehalten und ein Gebet zum Abschluss gesprochen.

➡ Die Lectio-Gruppe sollte nicht mehr als zehn Personen umfassen. Wenn mehr teilnehmen wollen, sollte eine weitere

Gruppe aufgemacht werden. In Chile, wo im Lauf der letzten fünfundzwanzig Jahre mehr als neunhundert Gruppen gebildet wurden, fand man heraus, dass gleichgeschlechtliche und altersgemäße Gruppen am erfolgreichsten waren, denn dort fühlten sich die Teilnehmer am wohlsten.

➡ Es ist wünschenswert, dass die Leiter selbst eigene Erfahrungen mit der Geistlichen Lesung haben, bevor sie Gruppen übernehmen.

➡ Am Ende einer jeden Zusammenkunft sollte bereits das nächste Treffen ausgemacht werden.

Was sollte man vermeiden?

➡ Eine Lectio-Gruppe ist eine Zeit der persönlichen Begegnung mit Gott. Deshalb setze man alles daran, dass kein Lärm von außen die Gruppe stören kann.

➡ Jeder Kommentar zu den Äußerungen der Teilnehmer sollte vermieden werden.

➡ Eine Lectio-Gruppe ist nicht der richtige Ort, um einen biblischen Text exegetisch zu analysieren. Vor allem sollte keiner der Teilnehmer Gelegenheit bekommen, mit seinem (Hintergrund-)Wissen zu prahlen.

➡ Keinesfalls sollte die Bibel als Quelle der Wahrsagerei missbraucht werden. Sonst geht es der Gruppe am Ende wie demjenigen, der seine Bibel zufällig an folgender Stelle aufschlug: »Judas ging hinaus und erhängte sich.« Sofort schloss der Betreffende die Bibel, um sie an einer anderen Stelle »blind« zu öffnen. Dort las er weiter: »Geh und handle ebenso.«

Vorschlag für eine Geistliche Lesung – A

Als Bestandteil des Mittagsgebetes (Mittagslob)

1. Einführung und Angabe der ausgewählten Texte.
2. Normaler Ablauf der Gebetszeit bis zu den Lesungen.
3. Die Lesungen eins bis fünf werden langsam gelesen. Eine ist gewöhnlich das Evangelium des folgenden Sonntags.
4. Stille zum Nachdenken.
5. Spontane Äußerungen, immer in der Ich-Form. Sie können auch in Form eines Gebetes gemacht werden. Keine Unterbrechungen oder Kommentare!
6. Fürbitten aus der Gruppe.
7. Abschließendes Gebet.
8. Lobpreis.

Vorschlag für eine Geistliche Lesung – B

1. Einführung und Angabe der ausgewählten Texte.
2. Gebet zum Heiligen Geist.
3. Gebet des Heiligen Benedikt:
   Wir beten Herr, dass alles, was wir tun, von deinem Geist beseelt wird, sodass all unsere Gebete und all unsere Werke von dir ausgehen und von dir zur Vollendung gebracht werden. Amen.
4. Lesungen.
5. Stille zum Nachdenken.
6. Spontane Äußerungen.
7. Vaterunser.
8. Fürbitten.
9. Lobpreis.

www.vier-tuerme-verlag.de
www.mehr-als-unterricht.de